STRONG - MAN BUCKET - LIST

SIND SIE ZU HART - BIST DU ZU SCHWACH

NUR FÜR ECHTE KERLE

STRONG MAN BUCKET

BERND

JÜRGEN

SCHMIDT

Strong-Man-Bucket-List

Bernd Jürgen Schmidt

Impressum

Bibliografische Information der Deutschen Nationalbibliothek:
Die Deutsche Nationalbibliothek verzeichnet diese Publikation in der Deutschen Nationalbibliografie; detaillierte bibliografische Daten sind im Internet über http://dnb.dnb.de abrufbar.

Herstellung und Verlag: BoD – Books on Demand, Norderstedt

ISBN: 978-3-7557-7857-8

DU BIST WAHRLICH EIN ECHTER KERL!

SONST HÄTTEST DU NIE DIESES BUCH GEKAUFT ODER HÄTTEST ES GESCHENKT BEKOMMEN.

ABER WIE FUNKTIONIERT DIE STRONG MAN BUCKET LIST ÜBERHAUPT?

ALLES WAS DU BRAUCHST, IST EIN GUTER, BESTER FREUND, DENN ZUSAMMEN MACHT ALLES GLEICH VIEL MEHR SPASS.

AUSSERDEM BENÖTIGST DU / IHR VIEL LEBENSFREUDE, ZEIT, LUST UND EIN GANZ KLEIN WENIG PHYSISCHE UND MENTALE BELASTBARKEIT.

ABER DAS HAST DU SICHER ALLES UND BIST BEREIT DIE 75 AUFGABEN MIT DEINEM KUMPEL ZU ERFÜLLEN.

VERGISS NICHT, AUF JEDER SEITE EIN FOTO VON DER ABSOLVIERTEN CHALLENGE EINZUKLEBEN.

SOLLTE DEIN BESTER FREUND MAL KEINE ZEIT HABEN, SO KANNST DU NATÜRLICH AUCH EINE ANDERE PERSON ZUR CHALLENGE MITNEHMEN. AM BESTEN NATÜRLICH EIN ECHTER KERL!

DAS FAHNDUNGSFOTO

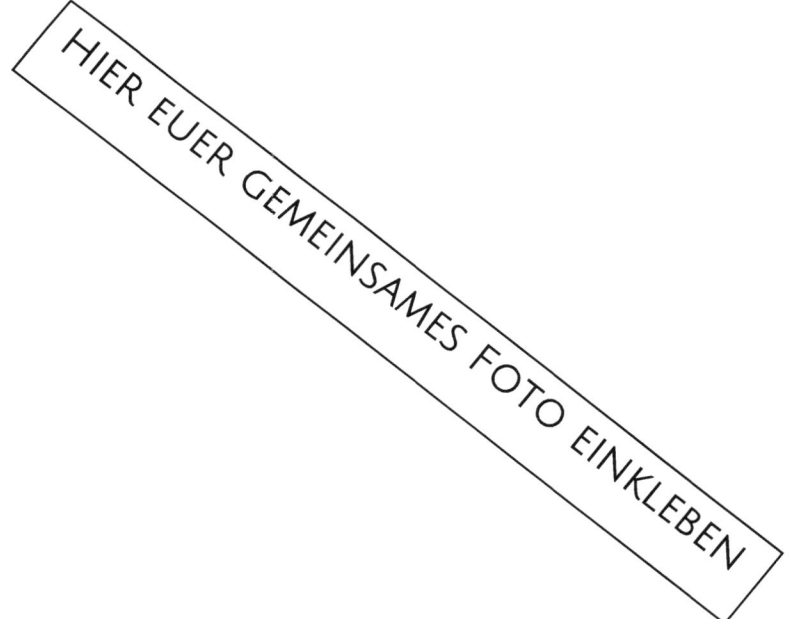

HIER EUER GEMEINSAMES FOTO EINKLEBEN

NIMM DIR DEINEN BESTEN KUMPEL ZUR UNTERSTÜTZUNG

UND VOLLENDE ALLE BUCKETS

DEIN NAME: DEIN KUMPEL:

_____   _____

DEIN BAUJAHR   SEIN BAUJAHR

_____   _____

DEIN FOTO   SEIN FOTO

DIE BIERPROBE

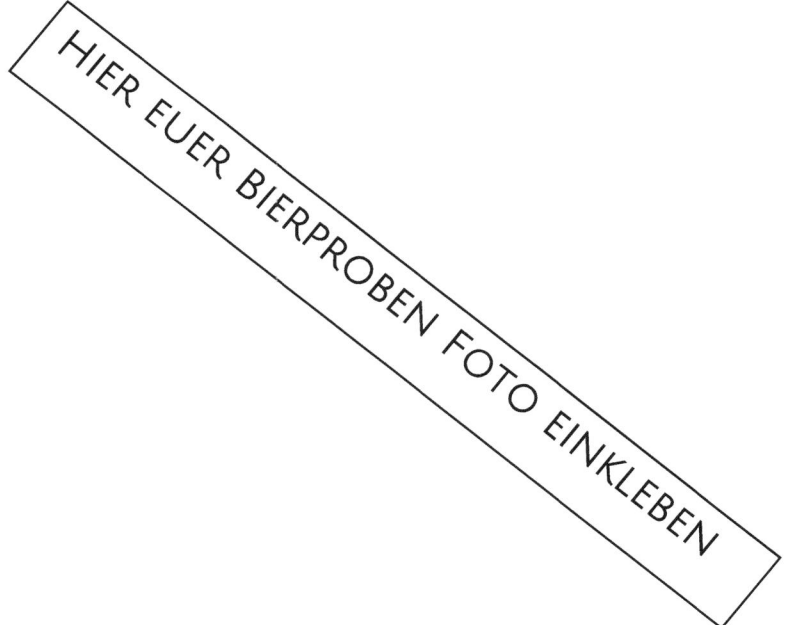

HIER EUER BIERPROBEN FOTO EINKLEBEN

BIERPROBE

DEINE ERSTE AUFGABE BESTEHT DARIN, EINE BRAUEREIFÜHRUNG MITZUMACHEN. ANSCHLIEßEND GEHT ES NATÜRLICH ZUR BROTZEIT UND VERKOSTUNG DER BIERE.

STRONG MAN BUCKET

BRAUEREI

_____

DATUM

_____

WER WAR DABEI?

_____
_____
_____
_____
_____
_____

BESONDERES – NOTIZEN – RESÜMEE

_____
_____
_____
_____
_____

DAS STADION

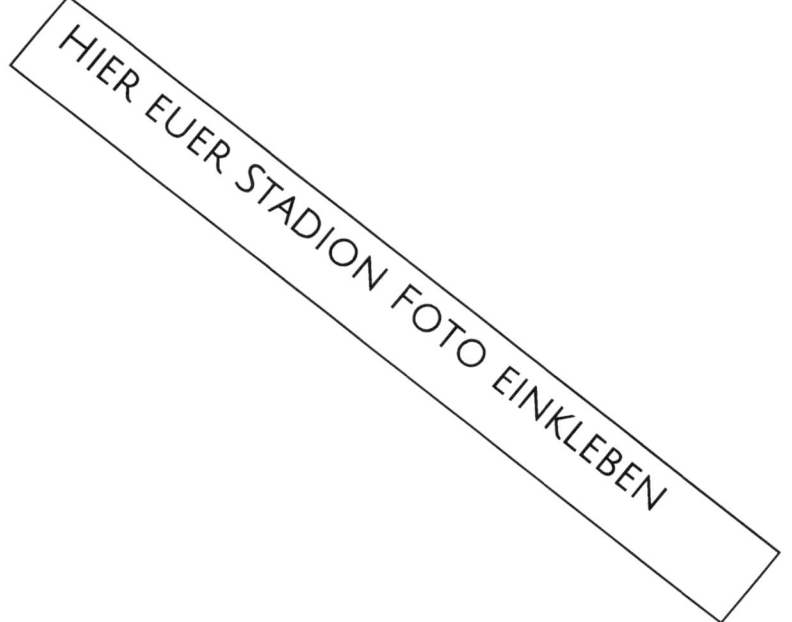

HIER EUER STADION FOTO EINKLEBEN

STADIONBESUCH

AUF ZUM FUßBALLSPIEL INS STADION. ABER WENN DU DENKST, DASS DU GEMÜTLICH IN DER SCHALE IN DER GERADEN SITZT, HAST DU DICH GESCHNITTEN. AB IN DEN FANBLOCK! STEHPLATZ!

SPIEL

_____

DATUM

_____

STRONG MAN BUCKET

WER WAR DABEI?

_____
_____
_____
_____
_____
_____

BESONDERES – NOTIZEN – RESÜMEE

_____
_____
_____
_____
_____

DAS WITZE BATTLE

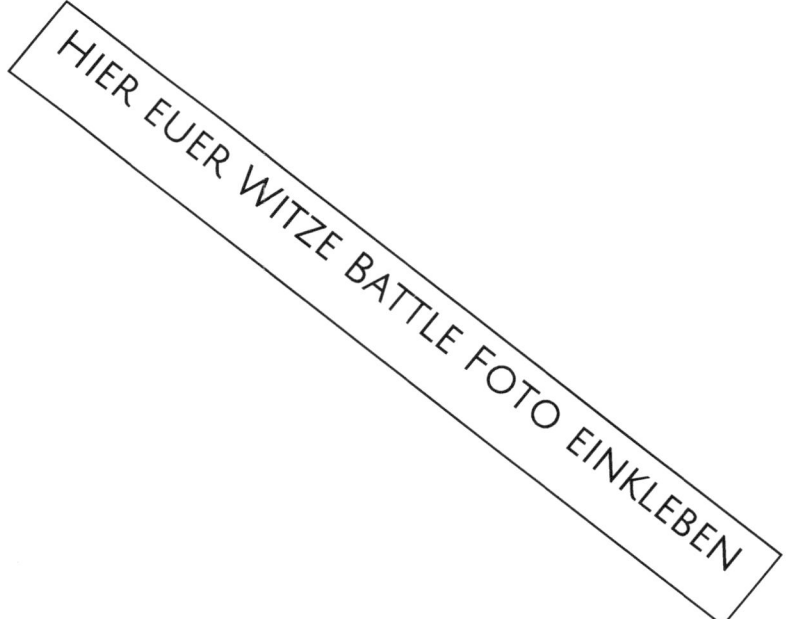

HIER EUER WITZE BATTLE FOTO EINKLEBEN

WITZEBATTLE

DIE NÄCHSTE AUFGABE WIRD
FEUCHTFRÖHLICH. SETZT EUCH GEGENÜBER
AUF EINEN STUHL. EUREN MUND BEFÜLLT IHR
MIT WASSER. EINE DRITTE PERSON
SCHMETTERT NUN EINEN WITZ NACH DEM
ANDEREN AUF EUCH EIN. WER ZUERST VOR
LACHEN NICHT MEHR KANN UND SEIN
GEGENÜBER „VOLLSPRITZT",

VERLIERT.

WER WAR DABEI?   DATUM

_____   _____

_____

_____   SIEGER

_____   _____

STRONG MAN BUCKET

BESONDERES – NOTIZEN – RESÜMEE

_____

_____

_____

_____

DER BOLLERWAGEN

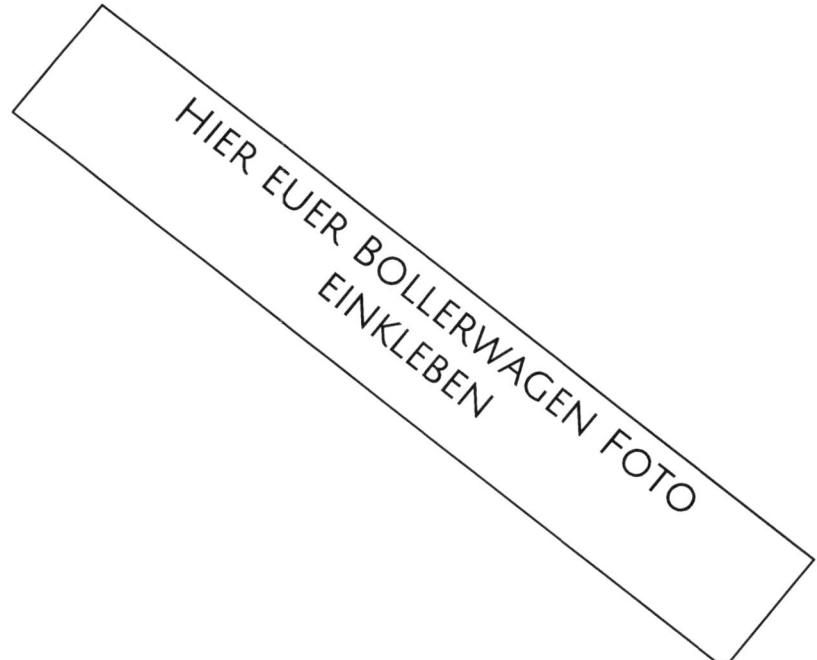

HIER EUER BOLLERWAGEN FOTO
EINKLEBEN

BOLLERWAGEN

ECHTE MÄNNER KÖNNEN ALLES. AUCH EINEN BOLLERWAGEN BAUEN. LASST EURER KREATIVITÄT FREIEN LAUF UND BAUT DAS DING. ALTERNATIV KÖNNT IHR AUCH EINEN VORHANDENEN BOLLERWAGEN UMBAUEN. IHR BRAUCHT IHN SPÄTER NOCH.

AUSSTATTUNG DES WAGENS

_____
_____
_____
_____
_____

STRONG MAN BUCKET

WER WAR DABEI?

_____
_____
_____
_____
_____

BESONDERES – NOTIZEN – RESÜMEE

_____
_____
_____
_____
_____

17

DER BIATHLON

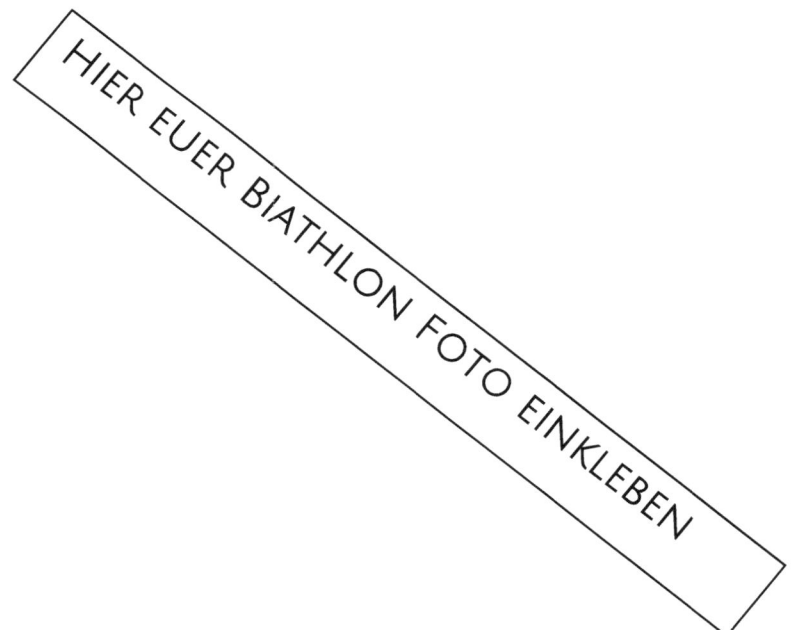

HIER EUER BIATHLON FOTO EINKLEBEN

BIATHLON

DIE MEISTEN MÄNNER LIEBEN SPORT. DABEI GEHT ES MEHR UM DEN WETTKAMPF, ALS UM DEN SPORT SELBST. WENN MÖGLICH, BESORGT EUCH KARTEN FÜR EINEN BIATHLON UND ERLEBT DAS GANZE MAL LIVE. ALTERNATIV KÖNNT IHR AUCH EINE BIATHLON PARTY, LIVE ZU HAUSE VOR DEM TV VERANSTALTEN. GLÜHWEIN NICHT VERGESSEN!

WER WAR DABEI?

_____

_____

_____

_____

DATUM

_____

SIEGER DES BIATHLON

_____

STRONG MAN BUCKET

BESONDERES – NOTIZEN – RESÜMEE

_____

_____

_____

_____

_____

DAS WETTESSEN

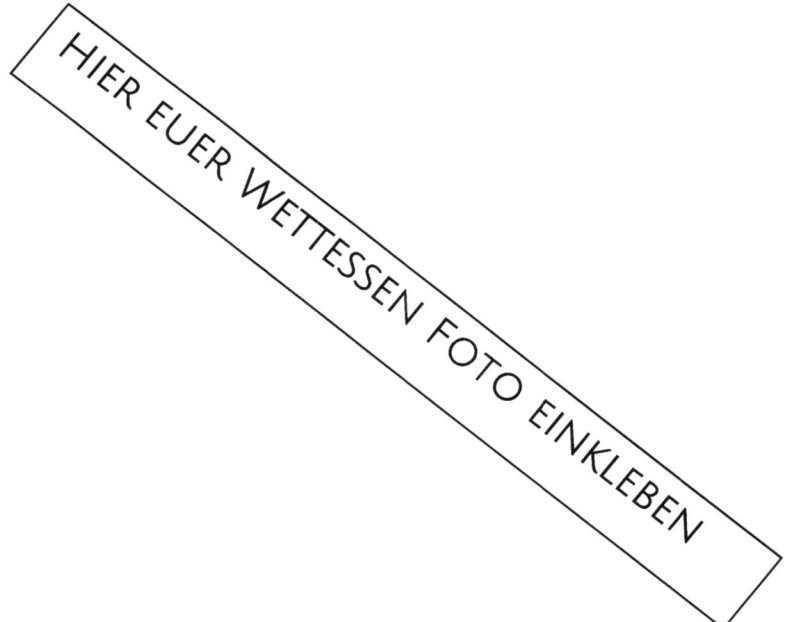

HIER EUER WETTESSEN FOTO EINKLEBEN

WETTESSEN

WANN WAR EUER LETZTES, RICHTIGES WETTESSEN? SICHER SCHON LANGE HER. DANN WIRD ES MAL WIEDER ZEIT. DIE REGELN ÜBER MENGE UND / ODER ZEIT BESTIMMT IHR SELBST. WAS GEGESSEN WIRD AUCH. WICHTIG IST NUR, DASS DER BAUCH VOLL WIRD, DASS DAS ESSEN AUCH SCHMECKT, IHR SATT SEID UND SPAß HABT. DEN VERDAUUNGSSCHNAPS SOLLTET IHR ABER IN JEDEM FALL PARAT HABEN.

DATUM

_____

WAS GAB ES ZU ESSEN?

_____

CHAMPION

_____

STRONG MAN BUCKET

WER WAR DABEI?

_____
_____
_____
_____
_____
_____

BESONDERES – NOTIZEN – RESÜMEE

_____
_____
_____
_____
_____

DAS WETTRENNEN

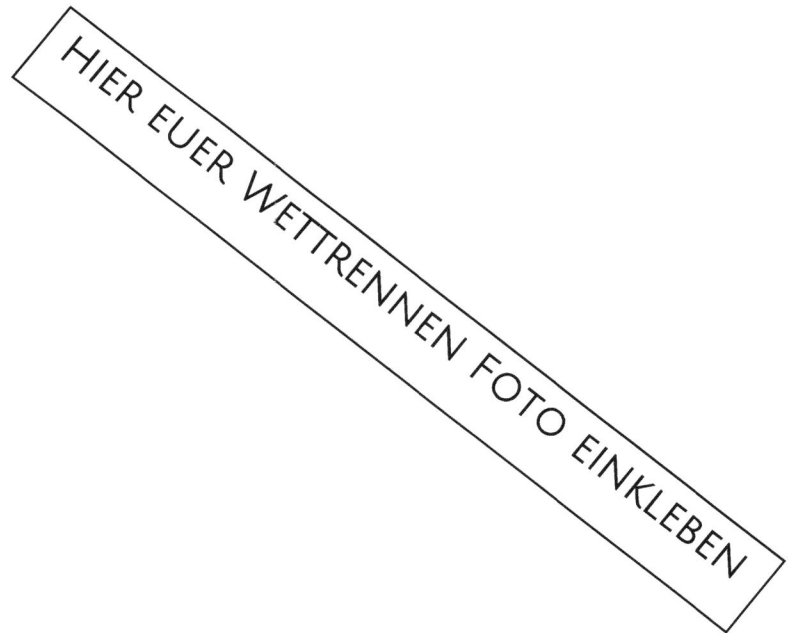

HIER EUER WETTRENNEN FOTO EINKLEBEN

WETTRENNEN

WIE DER NAME SCHON SAGT, IST ES BEI DIESER BUCKET EURE AUFGABE, EIN WETTRENNEN ZU ABSOLVIEREN. WER IST DER SCHNELLSTE? REICHT ES VIELLEICHT SOGAR, UM ALS „KLEINER" USAIN BOLT DURCHZUGEHEN? EIN 100 METER SPRINT SOLLTE KLARHEIT VERSCHAFFEN. HIERZU GIBT ES NUR NOCH EINS ZU SAGEN: „AUF DIE PLÄTZE – FERTIG – LOS!!!"

TEILNEHMER   ZEIT

————————   ——

————————   ——

————————   ——

————————   ——

————————   ——

DATUM

————————

CHAMPION

————————

STRONG MAN BUCKET

BESONDERES – NOTIZEN – RESÜMEE

——————————————————————

——————————————————————

——————————————————————

——————————————————————

——————————————————————

UNTER DEM STERNENHIMMEL

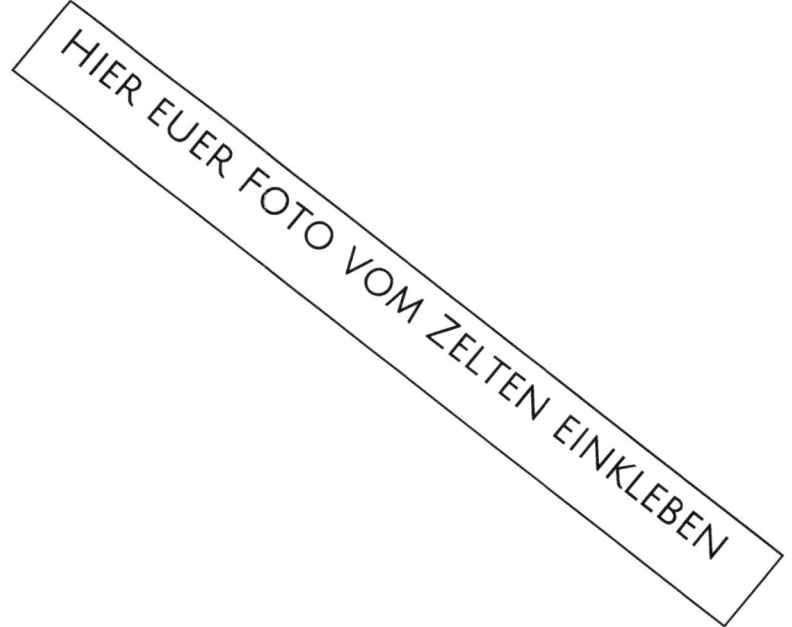

HIER EUER FOTO VOM ZELTEN EINKLEBEN

ZELTEN

DIESMAL DÜRFT IHR EURE ERFAHRUNGEN BEIM CAMPEN UNTER BEWEIS STELLEN. SUCHT EUCH EINEN ZELTPLATZ IN DER NATUR. BESTENFALLS GIBT ES DORT AUCH EINE LAGERFEUERSTELLE. ZELTE AUFBAUEN, GRILLEN, STOCKBROT UND MARSHMALLOWS GEHÖREN GENAUSO DAZU, WIE DAS EIN ODER ANDERE BIERCHEN, COUNTRY ROADS IM CHOR UND EINER KLEINEN, ABENTEUERLICHEN NACHTWANDERUNG. VIEL SPAß UND VORSICHT VOR DEN BÄREN.

WER WAR DABEI

_____
_____   **DATUM & ORT**
_____
_____   _____

STRONG MAN BUCKET

BESONDERES – NOTIZEN – RESÜMEE

_____
_____
_____
_____
_____

GRIECHISCHER WEIN

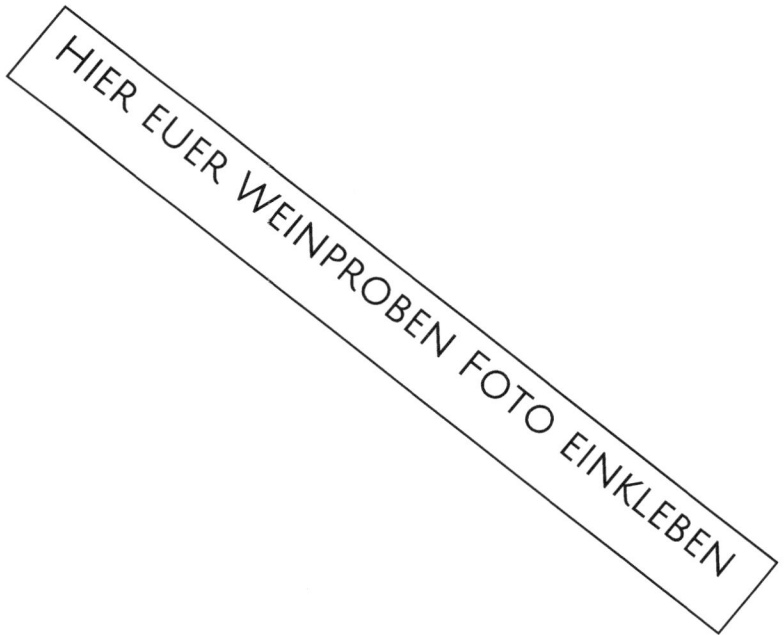

HIER EUER WEINPROBEN FOTO EINKLEBEN

WEINPROBE

ROT, WEISS ODER ROTLING? TROCKEN ODER HALBTROCKEN? WEIN IST SEHR VIELFÄLTIG. WELCHER IST EUER LIEBLINGSWEIN? FINDET ES HERAUS. VIELLEICHT KENNT IHR JA EINEN SOMMELIER, DER EINE WEINPROBE MIT EUCH ZUSAMMEN ORGANISIERT. ODER IHR SUCHT EUCH EIN WEINGUT UND MACHT DORT EINE WEINGUTFÜHRUNG INKLUSIVE VERKOSTUNG.

WER WAR DABEI

_____
_____
_____
_____

STRONG MAN BUCKET

DATUM & ORT

_____
_____
_____

BESONDERES – NOTIZEN – RESÜMEE

_____
_____
_____
_____
_____

WRESTLEMANIA

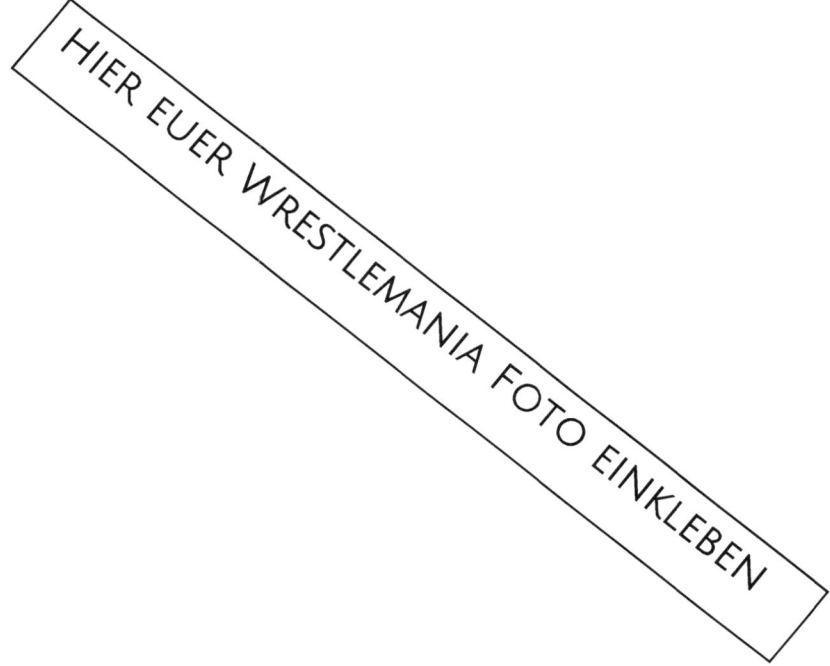

HIER EUER WRESTLEMANIA FOTO EINKLEBEN

WRESTLING

WAS HABEN HULK HOGAN, MACHO MAN UND THE ULTIMATE WARRIOR GEMEINSAM? SIE SIND ALLES WRESTLING LEGENDEN. DAS SCHREIT JA SCHON DANACH, DASS IHR BEI DER NÄCHSTEN WRESTLEMANIA DABEI SEID. LIVE ODER IM TV ENTSCHEIDET IHR.

STRONG MAN BUCKET

WER WAR DABEI

DATUM & ORT

_____

_____

_____

_____

_____

_____

BESONDERES – NOTIZEN – RESÜMEE

_____

_____

_____

_____

_____

DAS WANDERN IST DES MÜLLERS LUST

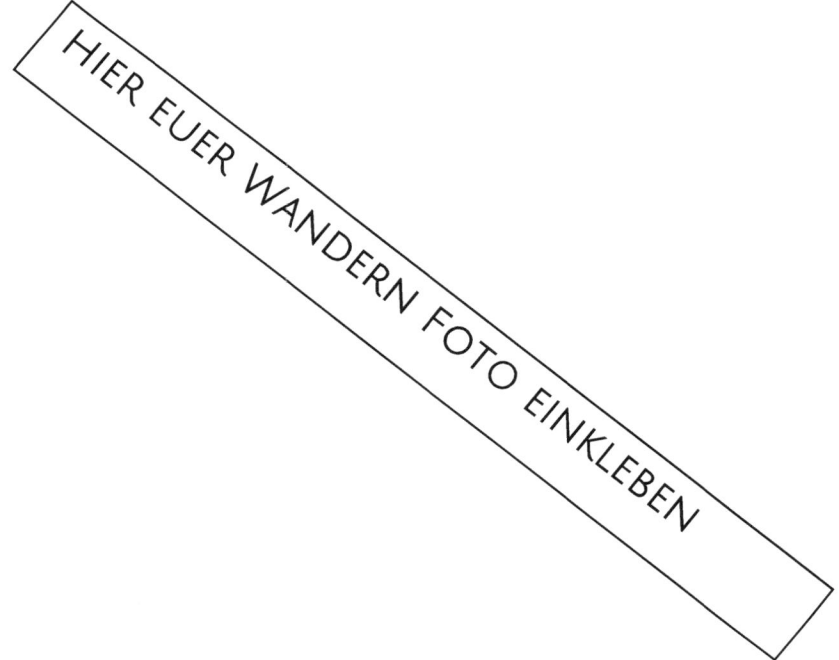

HIER EUER WANDERN FOTO EINKLEBEN

WANDERN

DAS WANDERN IST DES MÜLLERS' LUST. ABER AUCH WENN IHR NICHT MÜLLER SEID ODER SO HEIßT, MÜSST IHR UNBEDINGT MAL AUF WANDERSCHAFT GEHEN. DER WEG VOM WOHNZIMMER ZUM KÜHLSCHRANK ZÄHLT HIER ABER NICHT. ALLES UNTER 10 KILOMETER KANN NUR ALS SPAZIERGANG GEWERTET WERDEN.

STRONG MAN BUCKET

DATUM & WEGSTRECKE

WER WAR DABEI

_____
_____
_____
_____

_____
_____
_____
_____

BESONDERES – NOTIZEN – RESÜMEE

_____
_____
_____
_____
_____

DAS SACKHÜPFEN

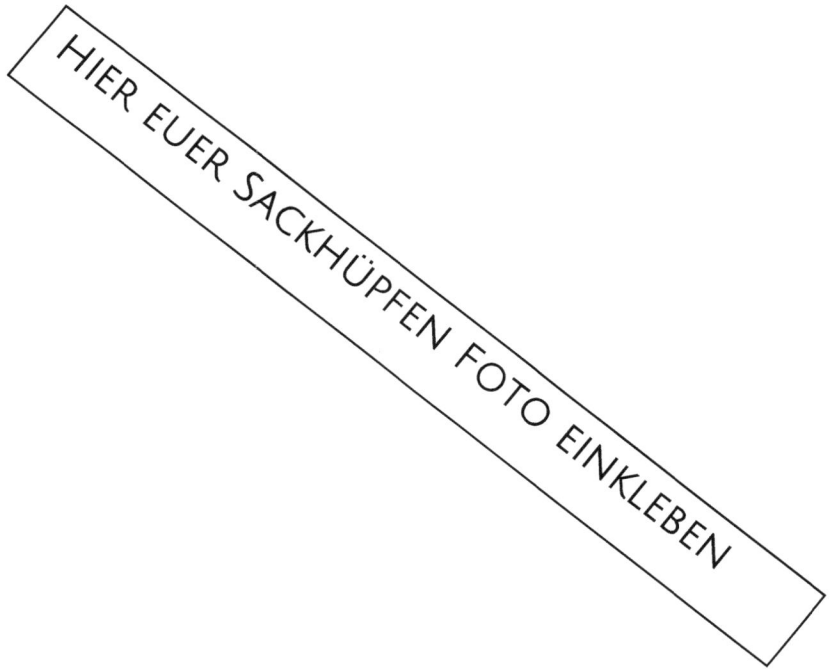

HIER EUER SACKHÜPFEN FOTO EINKLEBEN

SACKHÜPFEN

DIE WOHL BEKANNTESTE DISZIPLIN ALLER SPORTARTEN ÜBERHAUPT, IST UND BLEIBT, DAS **SACKHÜPFEN**. MACHT DARAUS EIN RICHTIGES EVENT, EIN TURNIER, EIN HIGHLIGHT UND VIELLEICHT WIRD ES SOGAR ZU EINER TRADITION. VIEL SPAß BEI EURER **SACKHÜPFMEISTERSCHAFT**.

DATUM

WER WAR DABEI

STRONG MAN BUCKET

CHAMPION

BESONDERES – NOTIZEN – RESÜMEE

IN **DER** BAR AN **DER** THEKE

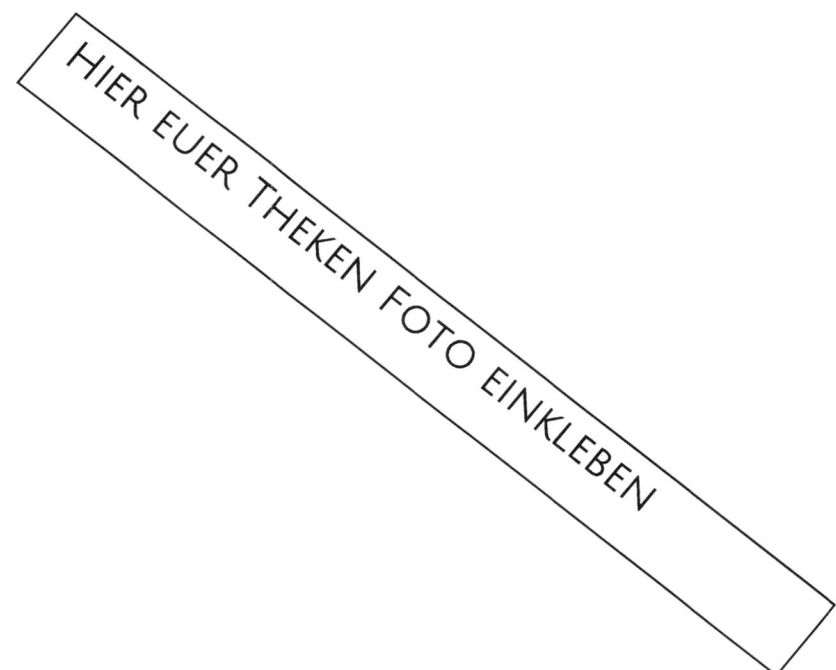

HIER EUER THEKEN FOTO EINKLEBEN

THEKEN HOCKER

AB **UND** ZU, MUSS ES MAL DIE THEKE SEIN. **GEHT** IN EURE LIEBLINGSKNEIPE, **SUCHT** EUCH EINEN PLATZ AN DER THEKE **UND** MA**CHT** DAS, WAS EIN MANN AN DER THEKE EBENSO MA**CHT**. ABER DAS A**UT**O BLEIBT **ZU** HAUSE.

WER WAR DABEI

_____

_____

_____

_____

STRONG MAN BUCKET

DATUM

_____

KNEIPE

_____

BESONDERES – NOTIZEN – RESÜMEE

_____

_____

_____

_____

_____

TISCHTENNIS

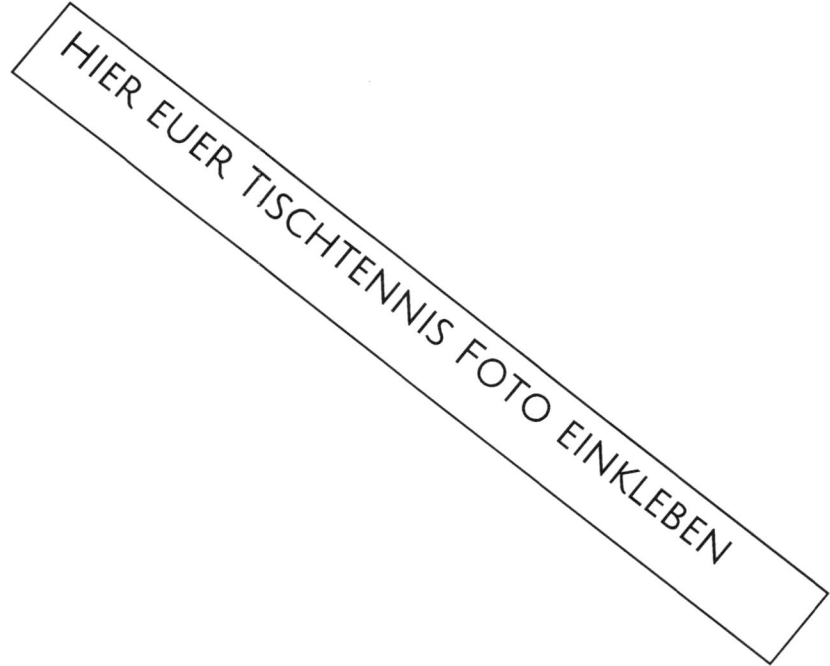
HIER EUER TISCHTENNIS FOTO EINKLEBEN

TISCHTENNIS

OB RUNDLAUF, DOPPEL, TURNIER UND EIN EINFACHES 1:1 BATTLE ENTSCHEIDET IHR SELBST. ES MUSS AUF JEDEN FALL EINE ORDENTLICHE RUNDE TISCHTENNIS GESPIELT WERDEN. NICHT NUR DIE CHINESEN KÖNNEN PING PONG SPIELEN. WÄRE DOCH GELACHT, WENN DAS NICHTS FÜR EINEN ECHTEN KERL IST.

DATUM

STRONG MAN BUCKET

WER WAR DABEI

_____

_____

_____

_____

_____

CHAMPION

_____

BESONDERES – NOTIZEN – RESÜMEE

_____

_____

_____

_____

_____

37

THANKS GIVING

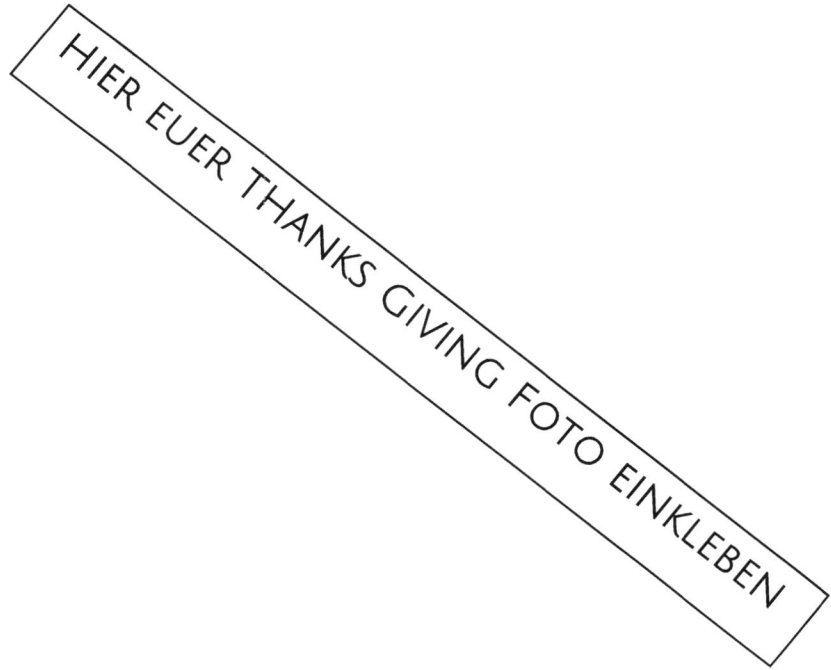

HIER EUER THANKS GIVING FOTO EINKLEBEN

THANKS GIVING

TRUTHAHN, MAISKOLBEN, KARTOFFELPÜREE UND CRANBERRY SOßE. TYPISCH AMERIKANISCH – TYPISCH THANKS GIVING. ABER ES IST EINE SEHR SCHÖNE TRADITION. VIELLEICHT BEKOMMT IHR KEINEN GANZEN TRUTHAHN IN EUREN BACKOFEN, ABER DASS HÄLT EUCH NICHT DAVON AB, EIN THANKS GIVING FESTMAHL FÜR EURE LIEBSTEN ZU KOCHEN. ALSO AB IN DIE KÜCHE MIT EUCH!

WER WAR DABEI

DATUM

STRONG MAN BUCKET

_____

_____

_____

_____

BESONDERES – NOTIZEN – RESÜMEE

_____

_____

_____

_____

SKISPRINGEN

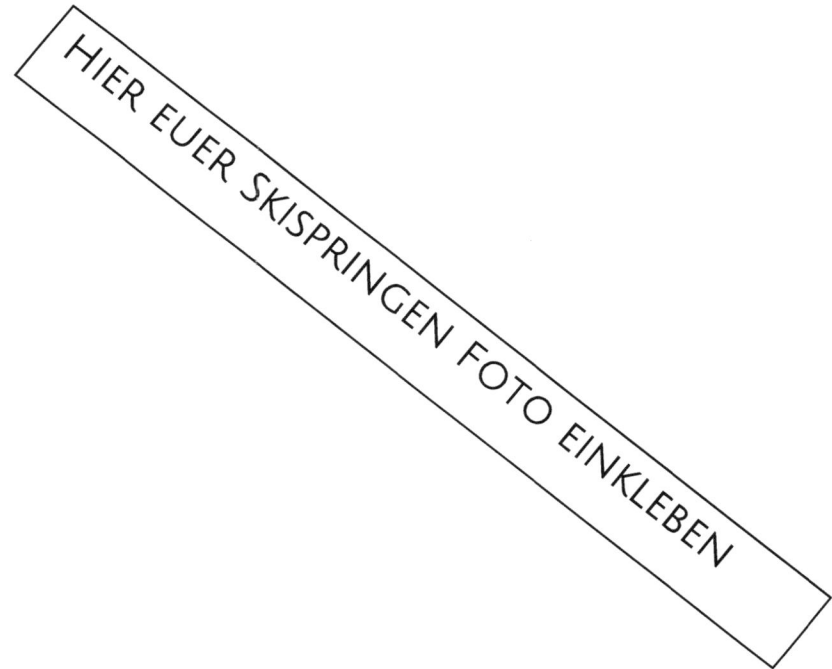

HIER EUER SKISPRINGEN FOTO EINKLEBEN

SKISPRINGEN

WENN MÄNNER WINTERSPORT ANGUCKEN, KOMMEN SIE **NICHT** UM DAS SKISPRINGEN HERUM. **NUN** SO AUCH FÜR EUCH. ENTWEDER SCHAUT IHR EUCH DAS SPEKTAKEL LIVE AN ODER IHR MACHT EINE SKISPRINGER PARTY BEI EUCH ZU HAUSE. NATÜRLICH DEM MOTTO ENTSPRECHEND GEKLEIDET UND SKISPRINGEN LIVE IM **TV**.

WER WAR DABEI

STRONG MAN BUCKET

DATUM
_____

EVENT
_____

SIEGER
_____

_____

BESONDERES – NOTIZEN – RESÜMEE

DIE SPIELHALLE

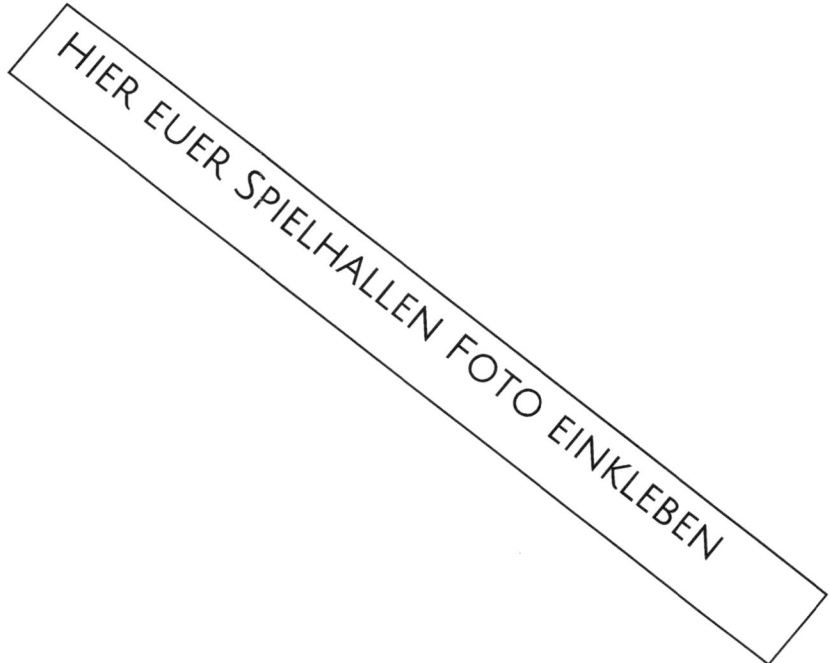

HIER EUER SPIELHALLEN FOTO EINKLEBEN

SPIELHALLE

ECHTE KERLE GEHEN AB UND AN GERNE MAL ZUM „ZOCKEN". DABEI GEHT ES NICHT UNBEDINGT DARUM, DASS MAN DIE DICKE KOHLE MACHT (WIR WISSEN ALLE, DASS DER AUTOMAT GEWINNT), SONDERN NUR DARUM, GANZ LÄSSIG UND COOL DEN AUTOMATEN MIT DEN SCHEINCHEN ZU FÜTTERN. IM GLAUBEN ZU WISSEN, WANN EIN AUTOMAT GELD AUSSPUCKT UND WANN NICHT. EIGENTLICH FREUEN WIR UNS NUR ÜBER DAS GEBLINKE UND DER KAFFEE IST UMSONST.

WER WAR DABEI

DATUM

_____

GEWINN/
VERLUST

_____

_____

STRONG MAN BUCKET

BESONDERES – NOTIZEN – RESÜMEE

_____

_____

_____

_____

_____

SQUASH

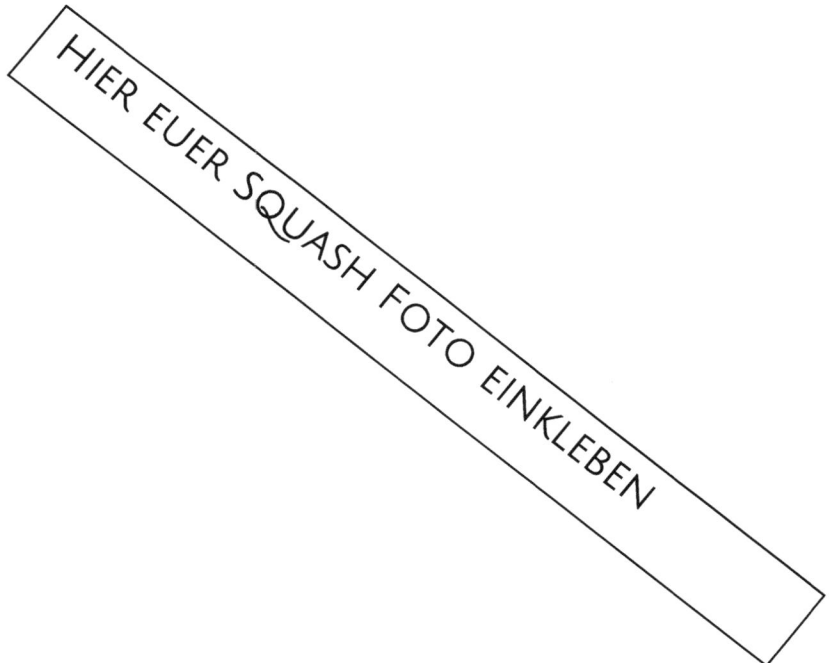

HIER EUER SQUASH FOTO EINKLEBEN

SQUASH

HEUTE GEHT ES SPORTLICH ZU. BEIM **SQUASH** KÖNNT IHR EURE KRÄFTE MESSEN. WER SCHMETTERT DIE **GUMMIKUGEL** STÄRKER **UND** GEZIELTER GEGEN DIE WAND? WER **HAT MEHR** KRAFT, AUSDAUER **UND** KONDITION? ALSO, RADLERHOSEN AN, **SCHLÄGER** IN DIE HAND, AB **IN** DIE BOX **UND** GESCHMETTERT WAS DAS ZEUG HÄLT.

WER WAR DABEI

_____
_____
_____
_____
_____

STRONG MAN BUCKET

DATUM

_____

CHAMPION

_____

BESONDERES – NOTIZEN – RESÜMEE

_____
_____
_____
_____
_____

CHILI CON CARNE

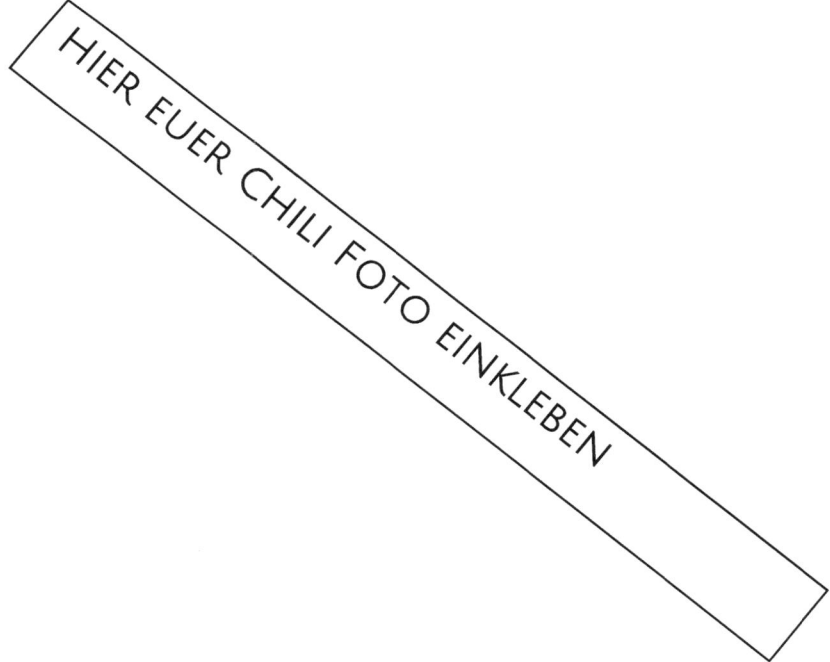

HIER EUER CHILI FOTO EINKLEBEN

CHILI

WENN ES UM DAS KOCHEN MIT CHILI GEHT, GIBT ES MEIST 2 EXTREME SEITEN. DIE EINE, DIE JEDES NOCH SO KLEINE FLÖCKCHEN CHILI MEIDET, UND DIE ANDERE SEITE, DIE GLEICH 3 KOMPLETTE CHILISCHOTEN IN DAS CHILI CON CARNE SCHMEIßT UND EINEN FEUERTOPF DARAUS MACHT, DER MINDESTENS 2-MAL BRENNT. AUFGABE FÜR EUCH: KOCHT EIN LECKERES CHILI, WIE SCHARF ENTSCHEIDET IHR SELBST.

WER WAR DABEI

_____

_____

_____

_____

_____

STRONG MAN BUCKET

DATUM

_____

BESONDERES – NOTIZEN – RESÜMEE

_____

_____

_____

_____

_____

FINNISCHE SAUNA

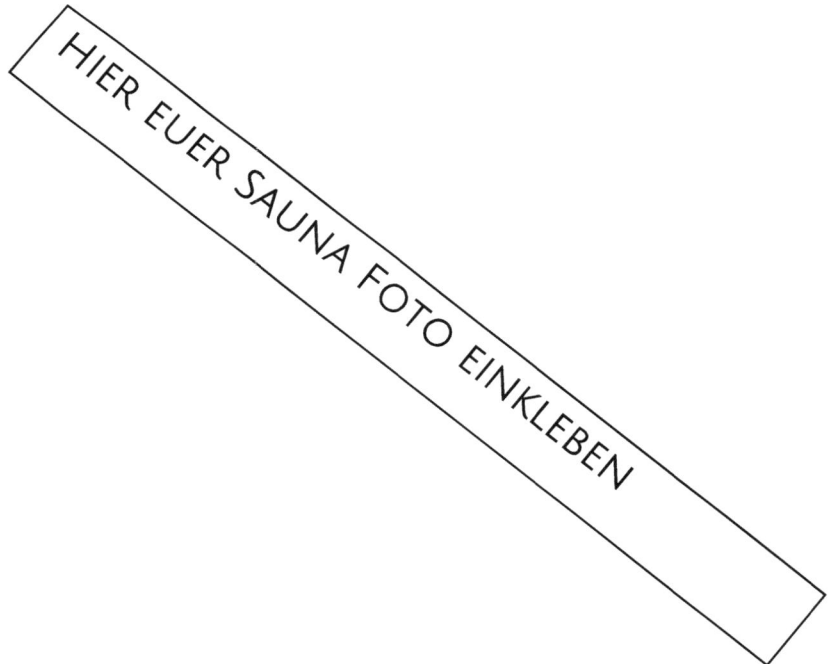

HIER EUER SAUNA FOTO EINKLEBEN

SAUNA

NICHT NUR FRAUEN LIEBEN WELLNESS. AUCH
ECHTE KERLE BRAUCHEN ETWAS RUHE,
SEELENFRIEDEN UND ENTSPANNUNG. AM
BESTEN GEHT DAS NATÜRLICH IN DER SAUNA.
SCHNAPPT EUCH EUER SAUNATUCH, EUREN
KILLT UND EUREN BADEMANTEL UND
VERBRINGT EINEN GANZEN TAG ENTSPANNT IN
DER SAUNALANDSCHAFT.

DATUM

WER WAR DABEI

STRONG MAN BUCKET

BESONDERES - NOTIZEN - RESÜMEE

TENNIS

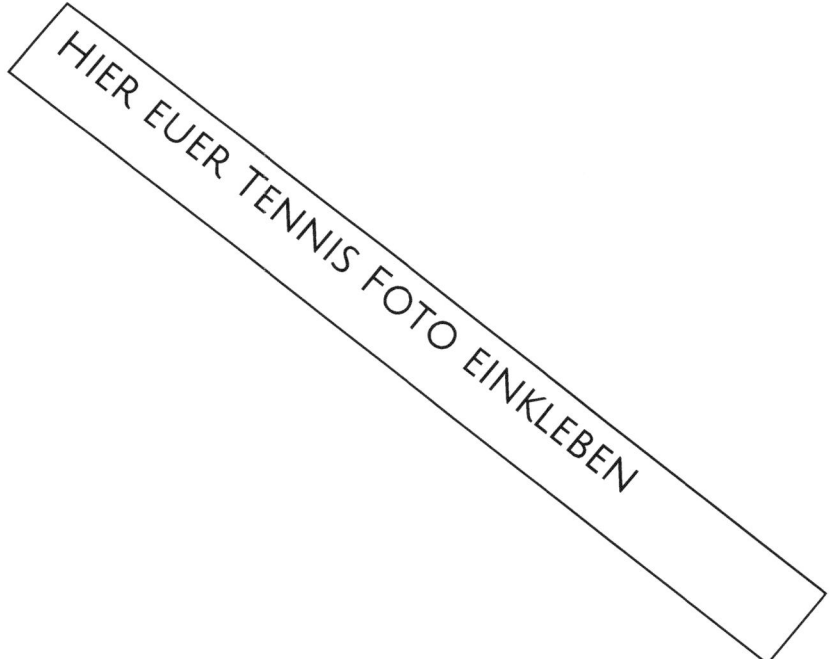

HIER EUER TENNIS FOTO EINKLEBEN

TENNIS

WOLLEN WIR DOCH MAL SEHEN, WIE GUT
EURE FÄHIGKEITEN IM TENNIS AUSGEPRÄGT
SIND. STECKT EIN KLEINER BORIS IN EUCH?
IST AN EUCH EIN TALENT FÜR ALLE ZEIT
VERLOREN GEGANGEN? ODER IST DER
BALLJUNGE FROH, WENN IHR WIEDER DAS
SPIELFELD VERLASST? WIR WERDEN SEHEN.
VERSUCHT EUCH IM TENNIS UND SCHLAGT EIN
PAAR ASSE.

WER WAR DABEI

DATUM

STRONG MAN BUCKET

BESONDERES – NOTIZEN – RESÜMEE

DER HERRENTAG

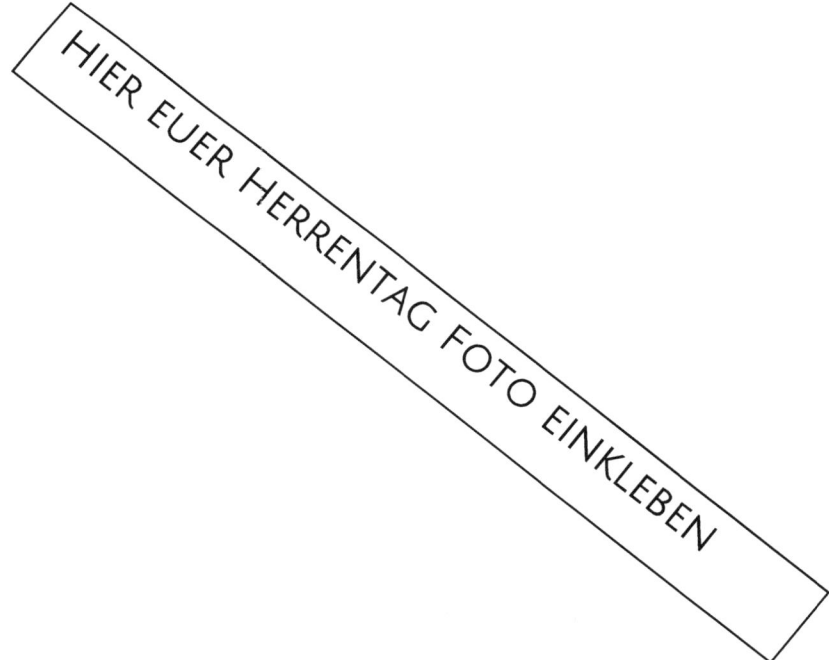

HIER EUER HERRENTAG FOTO EINKLEBEN

HERRENTAG

OB VATER ODER **NICHT IST AN CHRISTI** HIMMELFAHRT HEUTZUTAGE **NICHT** MEHR RELEVANT. HEUTE IST DER SOGENANNTE „VATERTAG" EHER EIN „HERRENTAG", AN WELCHEM **AUCH** DIE JUNGEN MÄNNER **UND** INZWISCHEN SOGAR MÄDELS **UND** FRAUEN ON TOUR GEHEN. PACKT REICHLICH PROVIANT IN EUREN SELBSTGEBAUTEN BOLLERWAGEN **UND** AB GEHT'S AUF DIE TOUR.

WER WAR DABEI

_____
_____
_____
_____
_____

STRONG MAN BUCKEL

CHRISTI HIMMELFAHRT DES JAHRES:

_____

BESONDERES – NOTIZEN – RESÜMEE

_____
_____
_____
_____
_____

TEXAS HOLD'EM

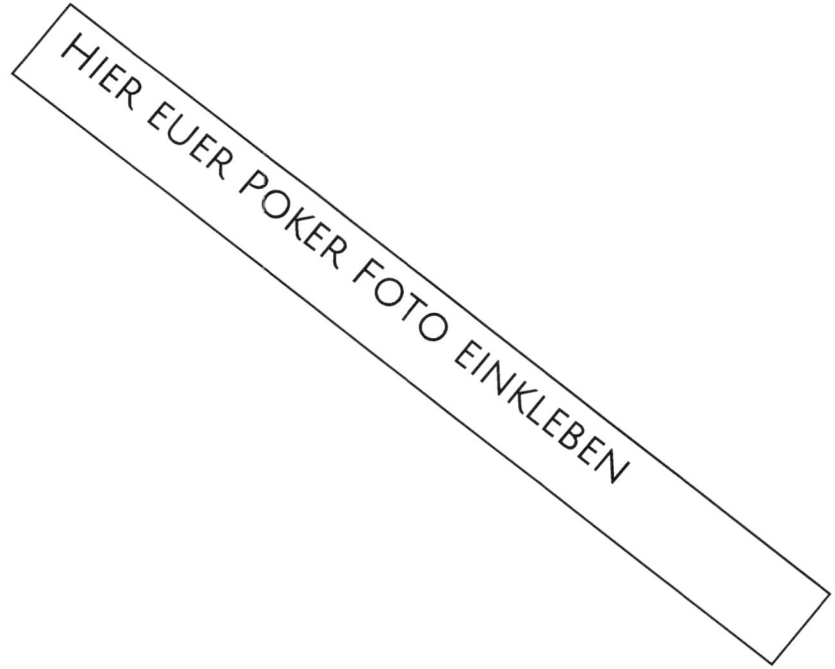

HIER EUER POKER FOTO EINKLEBEN

POKER

TWO PAIR, **FULL** HOUSE ODER WIRD ES DOCH NOCH DER FLUSH AUF DEM RIVER? DAS KÖNNT IHR NUR ERFAHREN, WENN IHR EUCH AN DEN TISCH SETZT UND EINE ORDENTLICHE RUNDE TEXAS HOLD'EM SPIELT. MINDESTENS 5 SPIELER SOLLTEN ES SEIN. DEN EINSATZ BESTIMMT IHR SELBST. OB OUT-GAME ODER BUY-IN LIEGT GANZ BEI EUCH. HAUPTSACHE IHR BEZAHLT EURE BLINDS.

WER WAR DABEI

_____
_____
_____
_____

DATUM UND
BESTES
POKERFACE

STRONG MAN BUCKET

_____

BESONDERES – NOTIZEN – RESÜMEE

_____
_____
_____
_____
_____

DER OLDTIMER

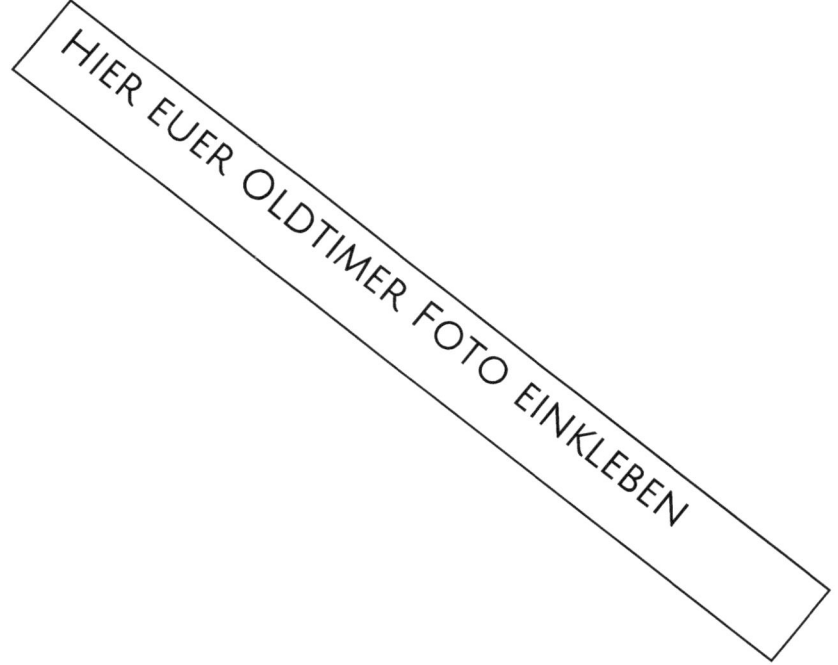

HIER EUER OLDTIMER FOTO EINKLEBEN

OLDTIMER

AUTOS UND MÄNNER, MÄNNER UND AUTOS.
EIGENTLICH EGAL WIE HERUM MAN ES SAGT,
ES IST DOCH EH DAS GLEICHE.
AUTOS UND MÄNNER GEHÖREN ZUSAMMEN.
GEHT AUF EIN OLDTIMERTREFFEN UND
SCHAUT EUCH DIE SCHMUCKEN STÜCKE AN.

DATUM

_____

AUSSTELLUNGSORT

_____

WER WAR DABEI

_____
_____
_____
_____
_____

STRONG MAN BUCKET

EUER LIEBLINGSAUTO

_____
_____

BESONDERES – NOTIZEN – RESÜMEE

_____
_____
_____
_____
_____

DIE MUCKIBUDE

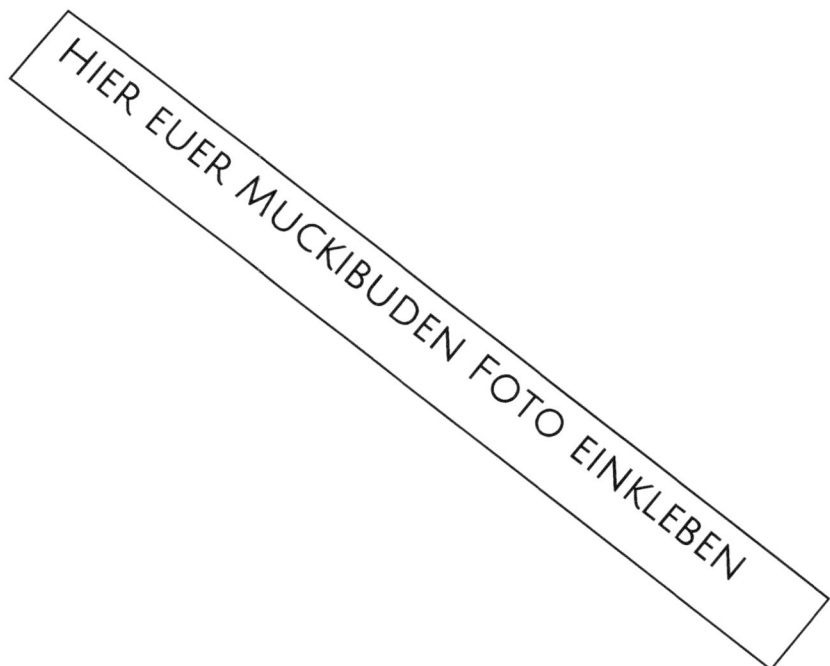

HIER EUER MUCKIBUDEN FOTO EINKLEBEN

MUCKIBUDE

ECHTE MÄNNER BRAUCHEN KEINE MUCKIBUDE. SIE SIND VON NATUR AUS STARK WIE EIN BÄR. EURE AUFGABE DIESMAL: ZEIGT WIE VIEL „BÄR" WIRKLICH IN EUCH STECKT. NICHT DASS JEMAND AUF DIE IDEE KOMMT UND EUCH MIT EINEM „LAUCH" VERGLEICHT. ES LIEGT AN EUCH. BÄR ODER LAUCH. BÄR-LAUCH ZÄHLT NICHT. AB INS FITNESSSTUDIO UND PUMPEN WAS DAS ZEUG HÄLT.

WER WAR DABEI

DATUM

STRONG MAN BUCKET

BESONDERES – NOTIZEN – RESÜMEE

MONOPOLY

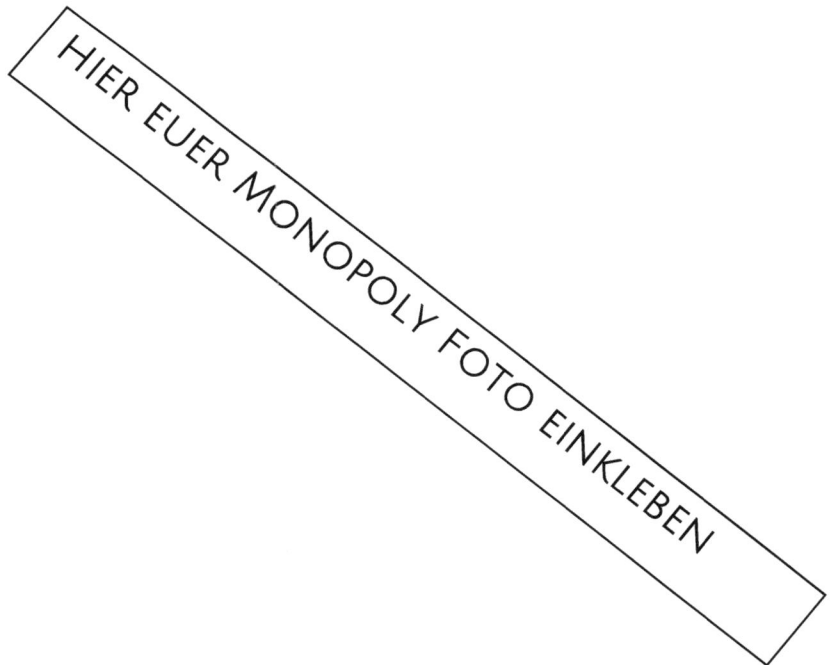

HIER EUER MONOPOLY FOTO EINKLEBEN

MONOPOLY

„GEHE IN DAS GEFÄNGNIS! ZIEHE **NICHT** ÜBER LOS! ZIEHE KEINE 2000 € EIN!" ODER DER HIER: „GEHE ZUR **SCHLOSSALLEE**. DER BESITZER ERHÄLT DIE DOPPELTE MIETE". DA **HILFT** DIE BESTE **STRATEGIE NICHTS**, WENN MAN SOLCHE KARTEN ZIEHT. ABER ES **NÜTZT** JA **NICHTS**. DIE KARTE KÖNNTE JA AUCH EIN ANDERER SPIELER ZIEHEN. ALSO AUF GEHT'S. MONOPOL AUFBAUEN.

WER WAR DABEI

DATUM

STRONG MAN BUCKET

_____

_____

_____

_____

MONOPOLY MEISTER

_____

BESONDERES – NOTIZEN – RESÜMEE

_____

_____

_____

_____

_____

MINIGOLF

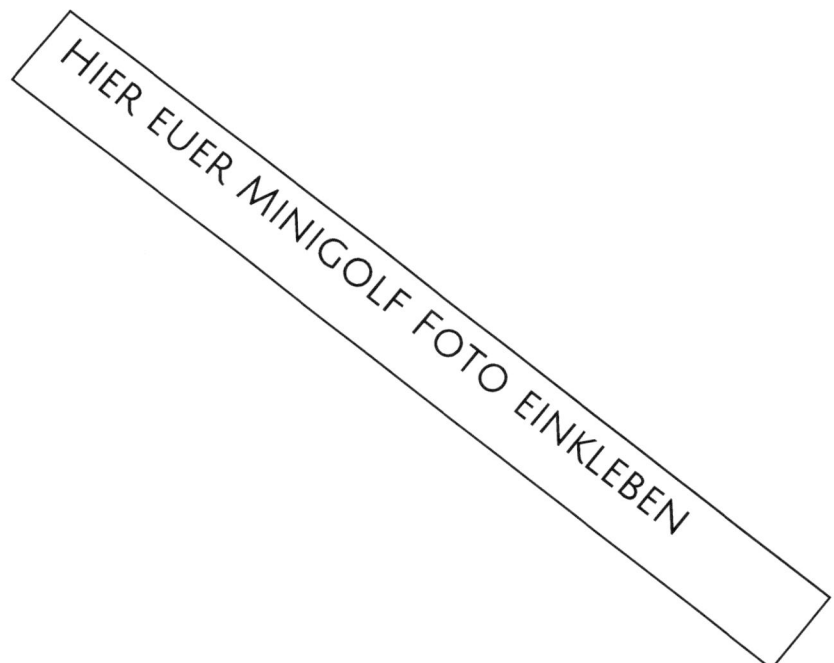

HIER EUER MINIGOLF FOTO EINKLEBEN

MINIGOLF

KENNT IHR DEN FILM „HAPPY GILMORE"? NEIN? AUCH NICHT SO SCHLIMM. AUF JEDEN FALL ARBEITET IHR BEI DIESER BUCKET AN EUREM HANDICAP IM MINIGOLF. FINDET EUREN „HAPPY PLACE" UND LOCHT EIN. DADURCH VERBESSERT IHR AUCH EUERE FERTIGKEITEN BEIM EINLOCHEN AUF DEM GRÜN. ALSO AUF GEHT'S ZUM HOLE IN ONE.

WER WAR DABEI

DATUM

_____

_____

_____

_____

STRONG MAN BUCKET

MINIGOLF CHAMPION

_____

BESONDERES – NOTIZEN – RESÜMEE

_____

_____

_____

_____

_____

MENSCH ÄRGERE DICH NICHT

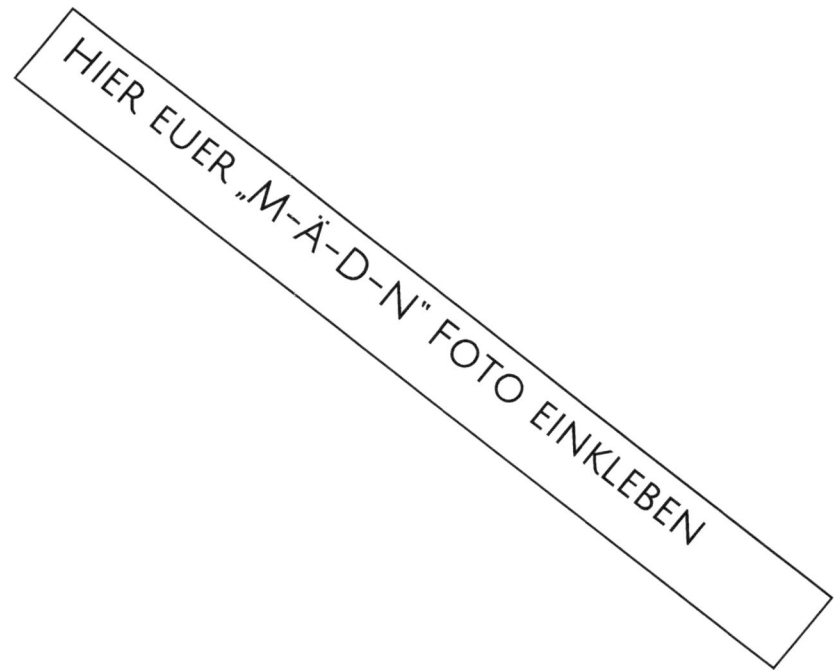

HIER EUER „M-Ä-D-N" FOTO EINKLEBEN

MENSCH ÄRGERE DICH NICHT

WER DER MEINUNG IST, MENSCH ÄRGERE **DICH NICHT** WÄRE EIN GANZ NORMALES SPIEL, HAT WAHRSCHEINLICH NOCH NIE IN SEINEM LEBEN RICHTIG MENSCH ÄRGERE **DICH NICHT** GESPIELT. DAS IST KEIN SPIEL. DAS IST PURER ERNST. DIESES „SPIEL" HAT SCHON FREUNDSCHAFTEN ZERSTÖRT UND KRIEGE AUSGELÖST. STELL DIR VOR: **DU STEHST MIT** DER LETZTEN FIGUR VOR DEM ZIEL UND WIRST GESCHMISSEN... – ZITTERE **NICHT** – ...ICH HABE GESAGT, STELL DIR VOR...

WER WAR DABEI

DATUM

_____

_____

PREMIUM
AUSRASTER

_____

STRONG MAN BUCKEL

BESONDERES – NOTIZEN – RESÜMEE

_____

_____

_____

_____

_____

DAS MÄNNER PICKNICK

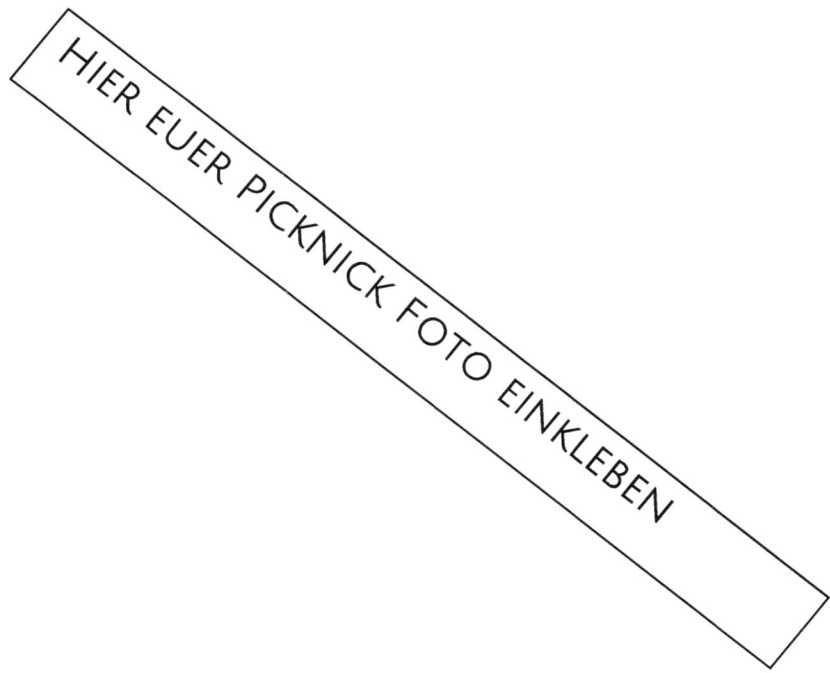

HIER EUER PICKNICK FOTO EINKLEBEN

MÄNNERPICKNICK

WIE WÄRE ES MAL MIT EINEM MÄNNERPICKNICK? DAZU BRAUCHT ES AUCH NICHT VIEL. DECKEN UND GESUNDES OBST KÖNNT IHR EUCH SPAREN. WIR BRAUCHEN NUR EINEN RUCKSACK, EIN PAAR KÜHLE BLONDE, EINEN SEHR GUTEN SCHINKEN, EIN LECKERES, FRISCHES BROT, EIN PAAR GEWÜRZGURKEN UND VIELLEICHT NOCH EIN BIS ZWEI KLEINE, KLARE VERDAUER (OBSTLER).

WER WAR DABEI   DATUM

_____

_____   _____

_____

_____

STRONG MAN BUCKET

BESONDERES – NOTIZEN – RESÜMEE

_____

_____

_____

_____

_____

DIE MAIWANDERUNG

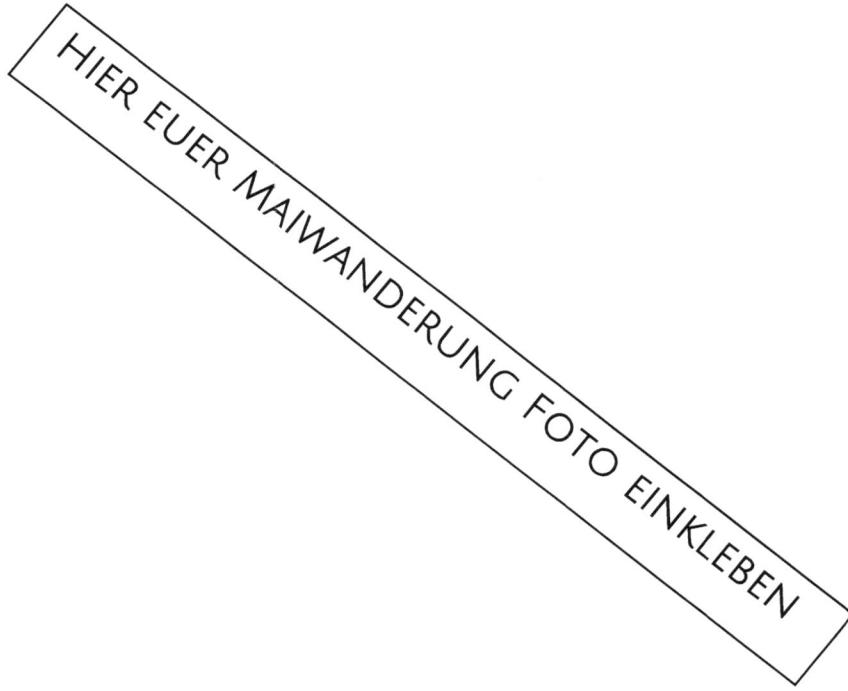

HIER EUER MAIWANDERUNG FOTO EINKLEBEN

MAIWANDERUNG

TRADITION BLEIBT TRADITION UND SOLLTE AUCH GEWAHRT BLEIBEN. DER ERSTE MAI, TAG DER ARBEIT, HAT SEINEN URSPRUNG IM JAHRE 1886 IN DEN USA. DAMALS BEGANN AM 1. MAI EIN MEHRTÄGIGER GENERALSTREIK FÜR BESSERE ARBEITSBEDINGUNGEN. IN BAYERN FOLGT MAN GERNE DER TRADITION DES „MAISPAZIERGANGS". UND WENN SCHON, DANN GLEICH MIT BOLLERWAGEN UND FLÜSSIGBROT (BIER). AUF ZUR WANDERUNG → PASSIVE STREIKBETEILIGUNG.

WER WAR DABEI

_____
_____
_____
_____

STRONG MAN BUCKEL

BESONDERES – NOTIZEN – RESÜMEE
_____
_____
_____
_____
_____

DAS FEUER

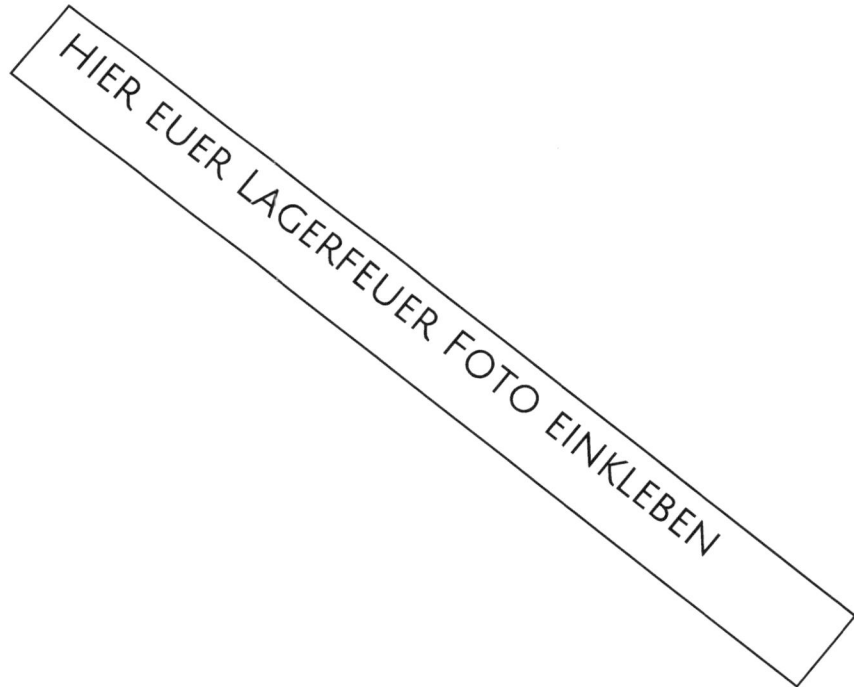

HIER EUER LAGERFEUER FOTO EINKLEBEN

LAGERFEUER

LAGERFEUER, MARSHMALLOWS, STOCKBROT.
EIN PAAR BIERCHEN, VIELLEICHT EIN WENIG
GITARRENMUSIK ODER MUNDHARMONIKA? SO
EIN LAGERFEUER KANN SEHR GEMÜTLICH
SEIN. EVENTUELL KÖNNT IHR ES JA MIT DER
„ZELTEN – BUCKET" VERBINDEN? ABER BITTE
MACHT KEIN SONNENWENDFEUER DARAUS
MEINE LIEBEN MÄNNER.

STRONG MAN BUCKET

DATUM

WER WAR DABEI

_____
_____
_____
_____

_____

BESONDERES – NOTIZEN – RESÜMEE

_____
_____
_____
_____
_____

71

WHISKY TASTING

HIER EUER WHISKY TASTING FOTO EINKLEBEN

WHISKY TASTING

WER **HÄTTE GEWUSST**, DASS WHISKY „WASSER DES LEBENS" BEDEUTET? OB WHISKY SEINEN URSPRUNG IN SCHOTTLAND ODER IRLAND HAT, BLEIBT WOHL UNGEKLÄRT. DAS SOLL EUCH ABER ALLES NICHT STÖREN, WENN IHR EINE DESTILLERIE BESICHTIGT UND ANSCHLIEßEND DIE PRODUKTE BEI EINER VERKOSTUNG TESTET. ALTERNATIV KÖNNT IHR AUCH VERSCHIEDENE WHISKYS ZU HAUSE ODER IN DER KNEIPE TESTEN. EINE FLASCHE JACK DANIELS MIT COLA GEMISCHT ZU TRINKEN, ZÄHLT ABER **NICHT**.

WER WAR DABEI

_____

_____   DATUM

_____

_____   _____

STRONG MAN BUCKET

BESONDERES – NOTIZEN – RESÜMEE

_____

_____

_____

_____

_____

IN KONZERT

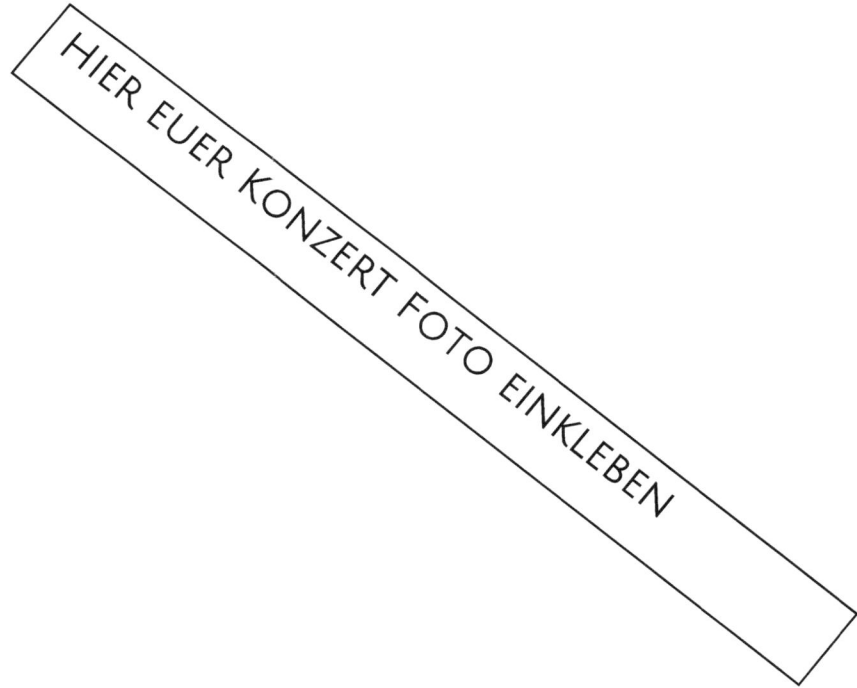

HIER EUER KONZERT FOTO EINKLEBEN

KONZERT

DIESMAL HABT IHR DIE AUFGABE, AUF EIN KONZERT ZU GEHEN. ES BLEIBT EUCH VÖLLIG OFFEN, WELCHES KONZERT ES SEIN SOLL. LIVE AUFFÜHRUNGEN IN BARS ODER AUFTRITTE REGIONALER BANDS / KÜNSTLER ZÄHLEN ÜBRIGENS AUCH. SOLLTET IHR EUCH FÜR EINE OPER ODER EIN MUSICAL ENTSCHEIDEN, IST DAS NATÜRLICH VÖLLIG IN ORDNUNG. ALSO VIEL SPAß BEIM KONZERT.

DATUM

WER WAR DABEI

_____

_____

_____   KONZERT

_____

STRONG MAN BUCKET

BESONDERES – NOTIZEN – RESÜMEE

_____

_____

_____

_____

_____

KÖLLE ALAAF

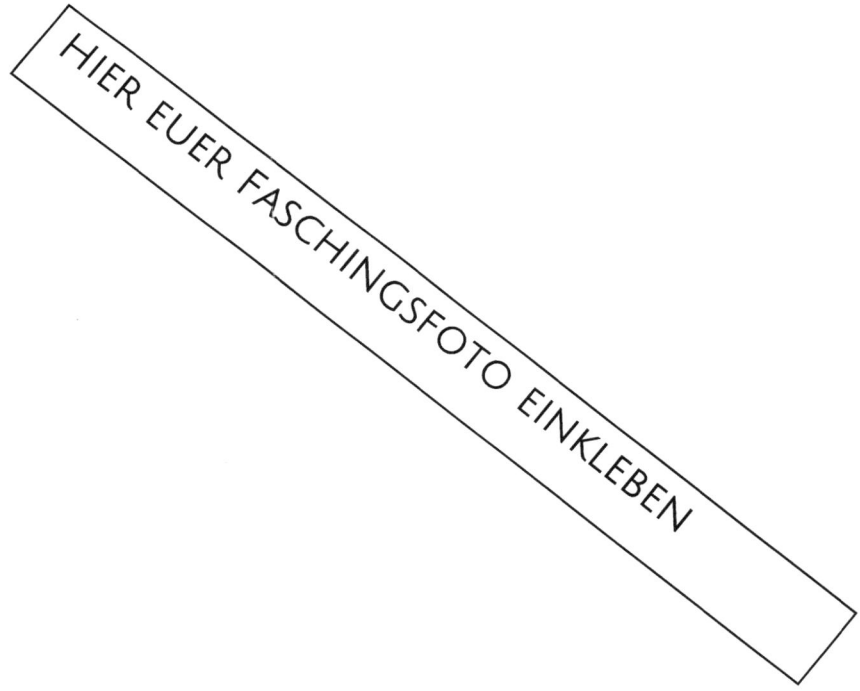

HIER EUER FASCHINGSFOTO EINKLEBEN

FASCHING

"Y.M.C.A, IT'S FUN TO STAY AT THE Y.M.C.A." SICHER EINER DER BEKANNTESTEN FASCHINGSLIEDER. BEI DIESER BUCKET, WIRD DIESER SONG ZU EURER INSPIRATION. GEHT AUF DEN FASCHING UND VERKLEIDET EUCH ALS EINER VON DEN VILLAGE PEOPLE. WENN DANN Y.M.C.A. GESPIELT WIRD, ERWARTET MAN NATÜRLICH EUREN EINSATZ AN DER FRONT.

STRONG MAN BUCKET

DATUM

WER WAR DABEI

_____

_____

_____

_____

FASCHING

_____

_____

BESONDERES – NOTIZEN – RESÜMEE

_____

_____

_____

_____

_____

DIE KNEIPENTOUR

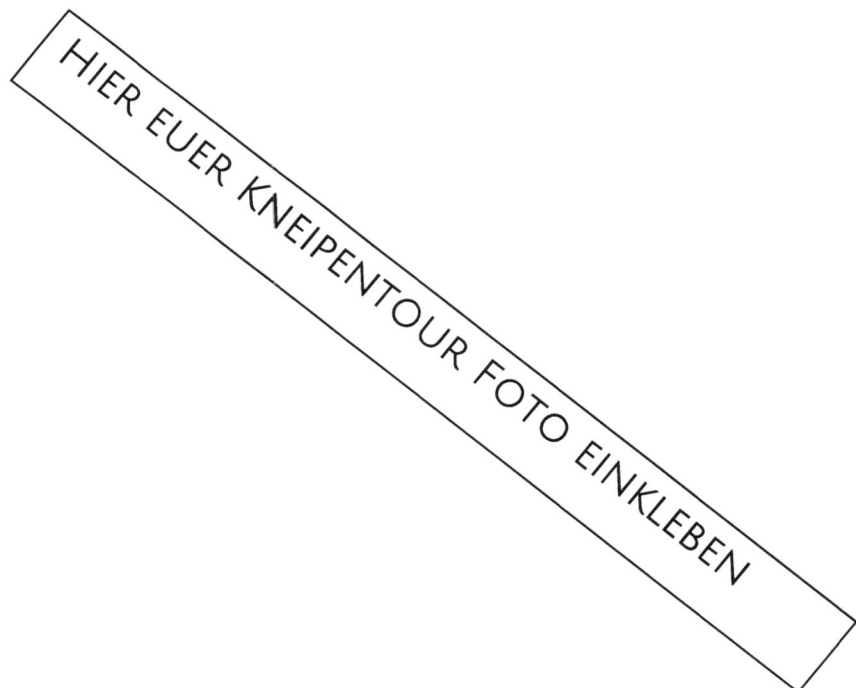

HIER EUER KNEIPENTOUR FOTO EINKLEBEN

KNEIPENTOUR

SO EINE KNEIPENTOUR HAT SCHON ETWAS BESONDERES. ABER MEISTENS WERDEN DIE REGELN NICHT WIRKLICH EINGEHALTEN. BEI EINER KNEIPENTOUR GEHT ES NICHT DARUM, DIE KNEIPE ZU FINDEN, IN WELCHER DIE BESTE PARTY LÄUFT, SONDERN DARUM, SO VIELE KNEIPEN WIE MÖGLICH ZU BESUCHEN. DESHALB → NUR EIN GETRÄNK JE KNEIPE. WIE VIELE KNEIPEN SCHAFFT IHR IHR?

WER WAR DABEI   DATUM

_____

_____   ANZAHL KNEIPEN

_____   _____

STRONG MAN BUCKET

IN WELCHER KNEIPE SEID IHR VERSUMPFT?

_____

BESONDERES – NOTIZEN – RESÜMEE

_____
_____
_____
_____

WIE DIE AFFEN

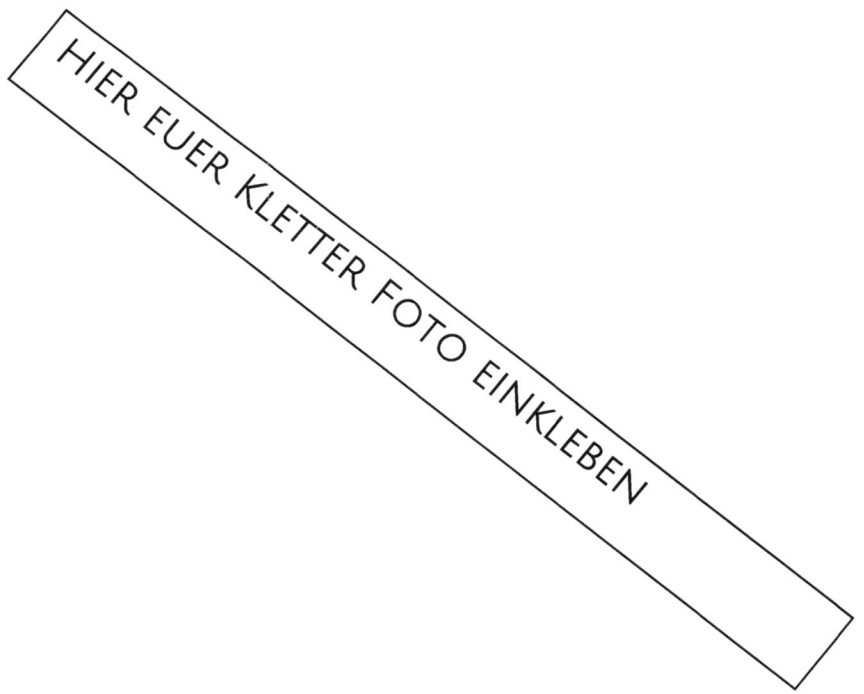

HIER EUER KLETTER FOTO EINKLEBEN

KLETTERN

BEREITS IM KINDESALTER WAR KEIN BAUM, KEIN HÜGEL, KEIN KLETTERGERÜST ODER SONSTIGE BAUTEN SICHER DAVOR, BEKLETTERT ZU WERDEN. ZEIGT WAS IN EUCH STECKT. HABT IHR ES NOCH DRAUF? OB KLETTERGARTEN, KLETTERTOUR IM GEBIRGE, DAS KLETTERNETZ AUF DEM SPIELPLATZ ODER EINFACH NUR DER BAUM IM PARK, SCHWINGT EUCH HOCH WIE IN ALTEN ZEITEN. ABER VORSICHT, IHR HABT JETZT ETWAS MEHR GEWICHT AUF DEN RIPPEN UND DER DÜNNE ZWEIG IN DER BAUMKRONE HÄLT EUCH WAHRSCHEINLICH NICHT MEHR AUS.

WER WAR DABEI   DATUM

_____   _____

_____   KLETTERHÖHE

_____   _____

STRONG MAN BUCKET

BESONDERES – NOTIZEN – RESÜMEE

_____
_____
_____
_____

DIE VORSTELLUNG

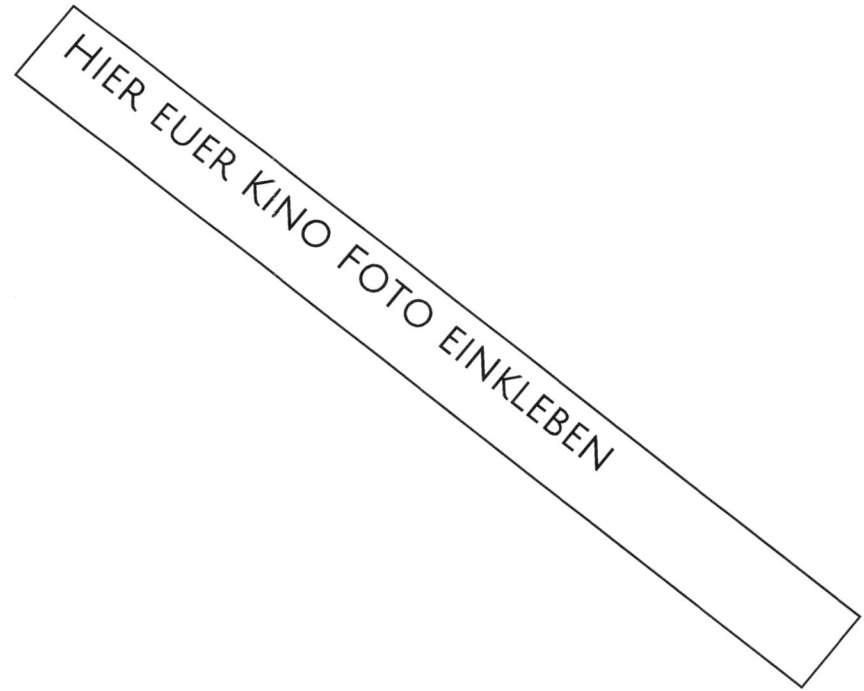

HIER EUER KINO FOTO EINKLEBEN

KINO

SCHON DIE ALTEN GRIECHEN UND DIE RÖMER VERSTANDEN SICH AUF DIE SCHAUSPIELEREI. DAMALS DURFTEN ÜBRIGENS AUCH NUR MÄNNER SICH DEM THEATER WIDMEN. FRAUEN WAR ES **NICHT** GESTATTET, SICH AUF DER BÜHNE ZUM BESTEN ZU GEBEN. HEUTZUTAGE IST DAS ZUM **GLÜCK NICHT** MEHR SO. EURE AUFGABE BESTEHT DIESMAL DARIN, IN IRGENDEINEN KINOFILM ZU GEHEN. WER LIEBER **INS THEATER** GEHT, DEM SEI ES GEGÖNNT.

WER WAR DABEI

DATUM

_____

FILM/**STÜCK**

_____

_____

_____

_____

STRONG MAN BUCKET

BESONDERES – NOTIZEN – RESÜMEE

_____
_____
_____
_____
_____

KARAOKE

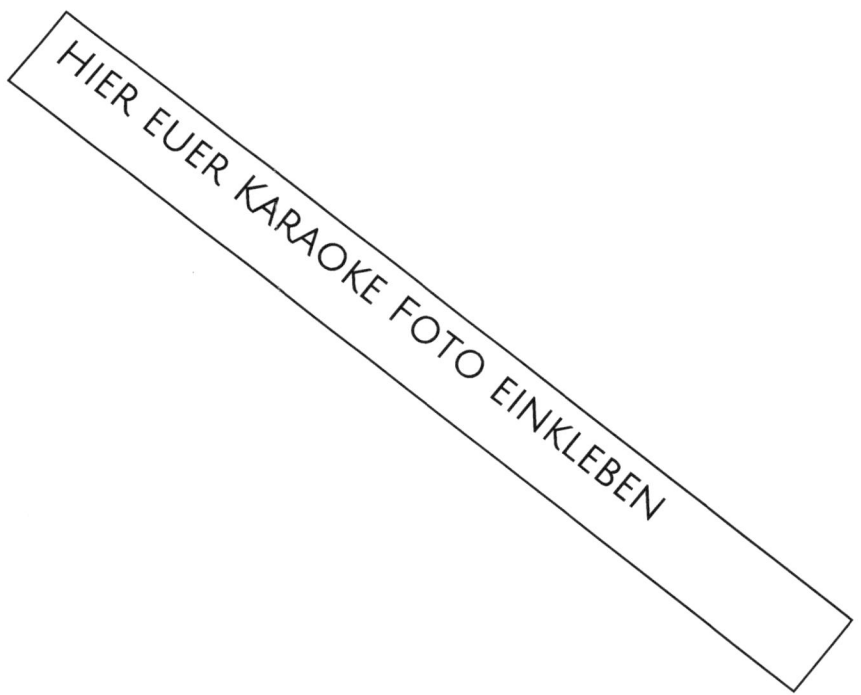

HIER EUER KARAOKE FOTO EINKLEBEN

KARAOKE

IN JAPAN SCHON LÄNGST TREND UND VIELLEICHT AUCH SCHON WIEDER **OUT**. DABEI GEHT ES UM VIEL MEHR, ALS DIE RICHTIGEN TÖNE ZU TREFFEN. DIE PERFORMANCE IST ENTSCHEIDEND. BESUCHT EINE KARAOKE BAR UND DRÖHNT EUREN LIEBLINGSSONG DURCH DAS MIKROFON. SOLLTE ES KEINE KARAOKE BAR GEBEN, HABT IHR SICHERLICH DIE MÖGLICHKEIT EINE KARAOKE PARTY ZU HAUSE ÜBER DIE PLAY STATION, X-BOX ODER ÄHNLICHEM ZU VERANSTALTEN.

WER WAR DABEI

_____   DATUM
_____
_____ _____
_____
_____

STRONG MAN BUCKEL

BESONDERES – NOTIZEN – RESÜMEE
_____
_____
_____
_____
_____

JUMPING AREA

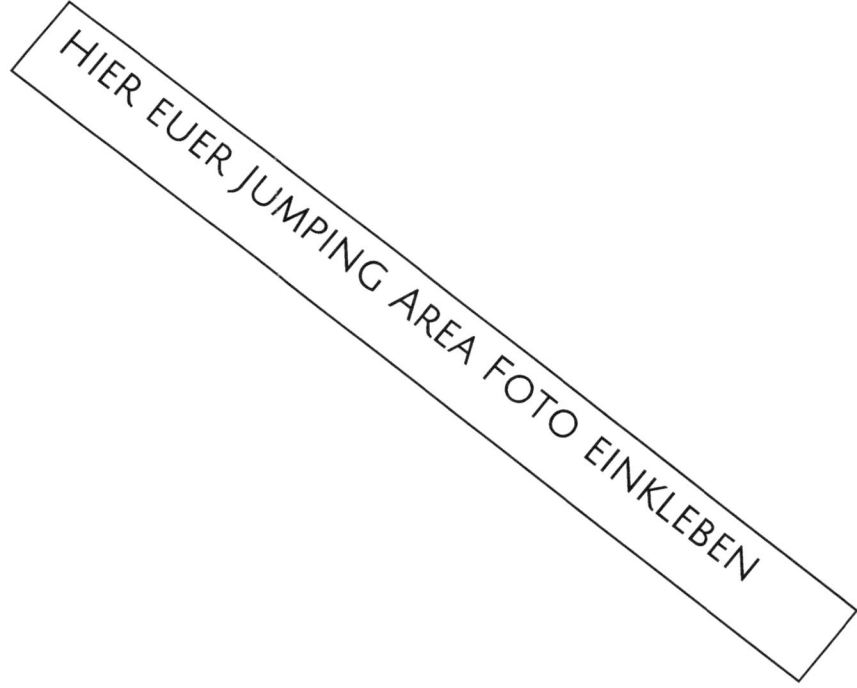

HIER EUER JUMPING AREA FOTO EINKLEBEN

JUMPING AREA

SEIT GERAUMER ZEIT, GIBT ES TRAMPOLIN
HALLEN. HIER BEGEBT IHR EUCH AUF DIE
SPUREN DER GUMMIBÄREN BANDE UND KÖNNT
HÜPFEN WAS DAS ZEUG HÄLT. DIE
KOMPLETTE HALLE IST MIT DEN
VERSCHIEDENSTEN TRAMPOLINEN UND
PASSENDEN ERGÄNZUNGEN RUND UMS
TRAMPOLIN AUSGESTATTET. EIN SALTO
MORTALE WÄRE NATÜRLICH ZU VIEL
VERLANGT, ABER EINEN EINFACHEN
ÜBERSCHLAG SOLLTET IHR DABEI SCHON
HINBEKOMMEN.

WER WAR DABEI

_____
_____   DATUM
_____
                           _____

BESONDERES – NOTIZEN – RESÜMEE
_____
_____
_____
_____
_____

STRONG MAN BUCKET

INTERNATIONALE
AUTOMOBIL AUSSTELLUNG

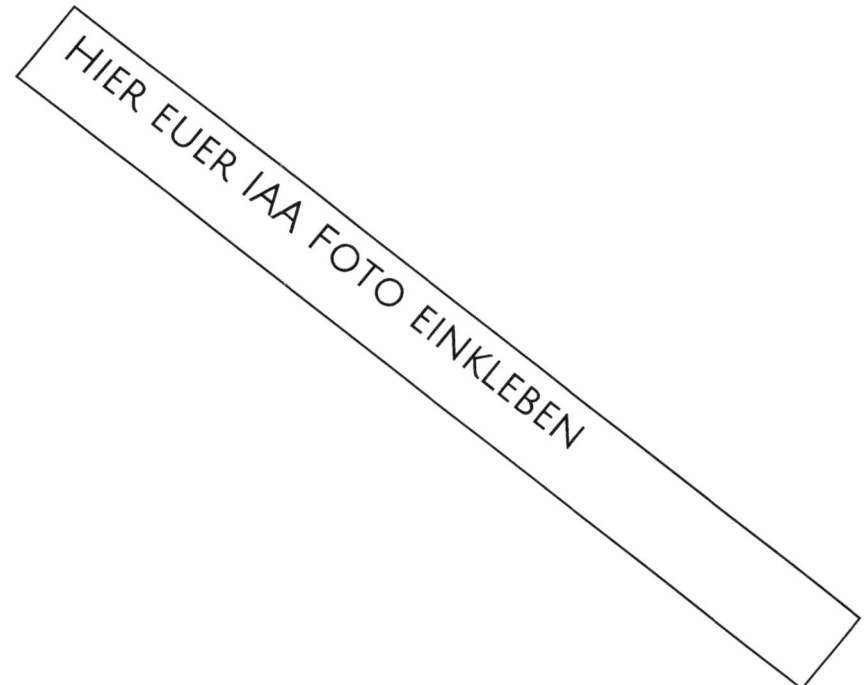

HIER EUER IAA FOTO EINKLEBEN

INTERNATIONALE AUTOMOBILAUSSTELLUNG

JEDER MANN SOLLTE WENIGSTENS EINMAL IN SEINEM LEBEN AUF DER INTERNATIONALEN AUTOMOBILAUSSTELLUNG GEWESEN SEIN. UND WENN NICHT JETZT, WANN DANN? ES GIBT KEINEN GUTEN UND KEINEN SCHLECHTEN ZEITPUNKT IM LEBEN UM AUF DIE IAA ZU GEHEN. AUF GEHT'S. AUTOS ANGUCKEN UND STAUNEN.

WER WAR DABEI

DATUM

STRONG MAN BUCKET

LIEBLINGSAUTO

BESONDERES – NOTIZEN – RESÜMEE

HOT DOG'S

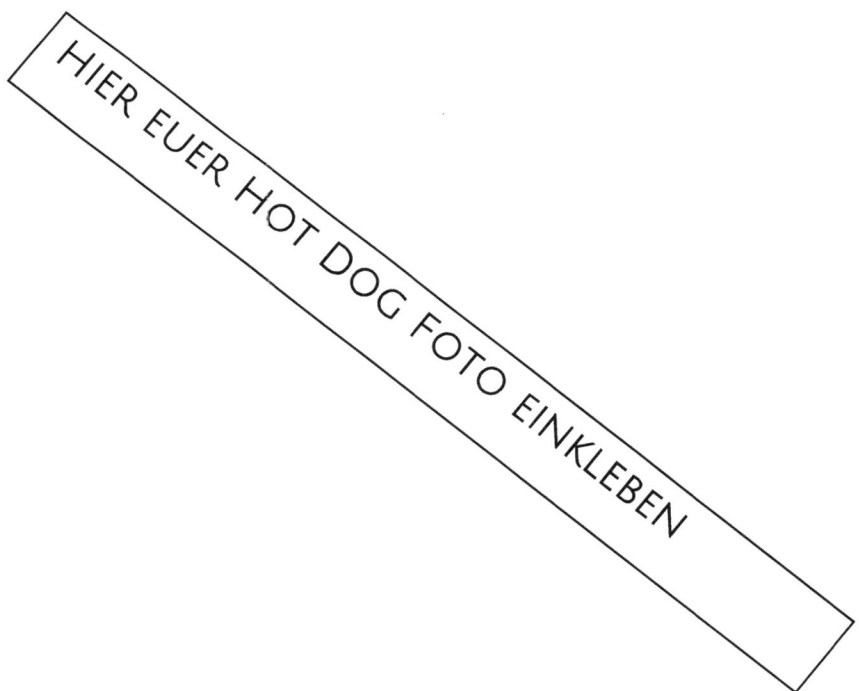

HIER EUER HOT DOG FOTO EINKLEBEN

HOT DOG'S

WIE SIEHT DER PERFEKTE HOT DOG AUS? WAS MUSS ALLES DRAUF? DEN PERFEKTEN HOT DOG ZU KREIEREN, GLEICHT EINEM VOLLZEITSTUDIUM IN QUANTENPHYSIK. ZUDEM SIND AUCH NOCH DIE GESCHMÄCKER DER ESSER UNTERSCHIEDLICH. NICHTS DESTO TROTZ, WIRD ES ZEIT, DASS IHR EIN PAAR FREUNDE ZUM HOT DOG ESSEN EINLADET. DIE PARTY KANN BEGINNEN. HOT DOG'S MARSCH!

WER WAR DABEI

_____

_____   DATUM

_____

_____   _____

STRONG MAN BUCKET

BESONDERES – NOTIZEN – RESÜMEE

_____

_____

_____

_____

HEUTE EIN KÖNIG

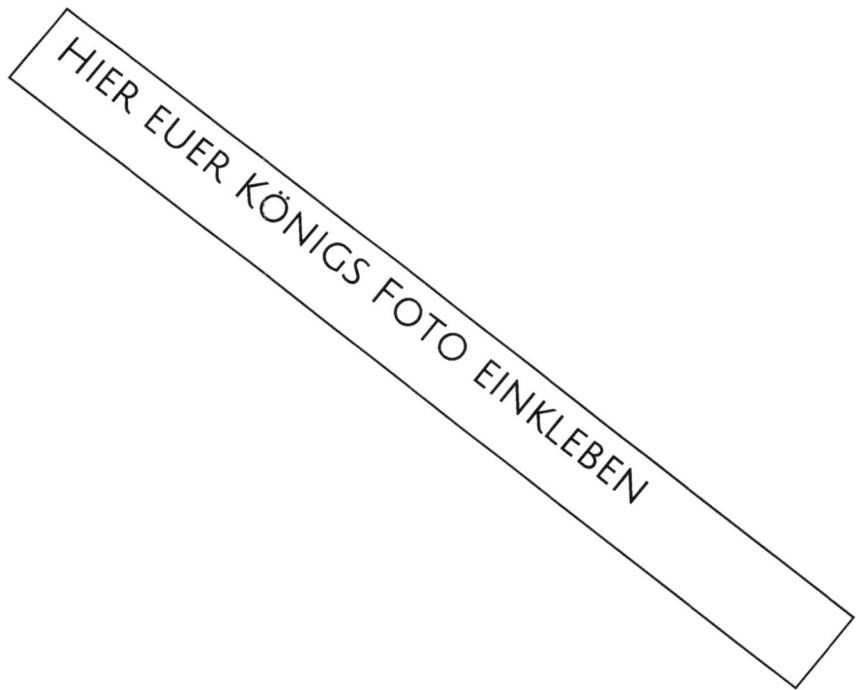

HIER EUER KÖNIGS FOTO EINKLEBEN

DIE HEILIGEN 3 KÖNIGE

EINEM JAHRHUNDERTE ALTEM BRAUCH ZUFOLGE, SOLLEN MÄNNER AM DREIKÖNIGSTAG ZWÖLF „SEIDLA" BIER TRINKEN. EIN „SEIDLA" IST EIN HALBER LITER. DER TRADITION NACH, SOLL ES ABER AUCH NICHT EINFACH NUR BIER SEIN, SONDERN DAS BESONDERS STARKE BOCKBIER. DEM GLAUBEN NACH, SCHÜTZT DIESES „STÄRKE ANTRINKEN" FÜR DIE NÄCHSTEN ZWÖLF MONATE VOR SÄMTLICHEN WIDRIGKEITEN SCHÜTZEN. OB IHR TATSÄCHLICH ZWÖLF BOCKBIER PRO NASE SCHAFFT, BLEIBT FRAGLICH, ABER EIN VERSUCH IST ES JA WERT.

WER WAR DABEI   BIERE

_____   _____
_____   _____
_____   _____
_____
_____

STRONG MAN BUCKEL

BESONDERES – NOTIZEN – RESÜMEE

93

GOLF

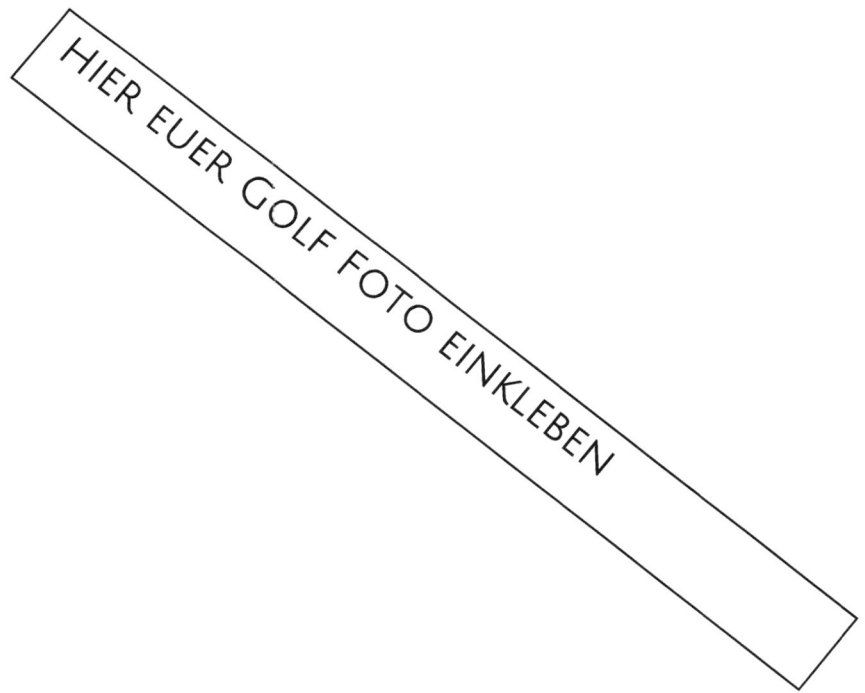

HIER EUER GOLF FOTO EINKLEBEN

GOLF

VIELLEICHT REICHT ES NICHT GLEICH ZUR TEILNAHME AN EINEM GRAND-SLAM TURNIER WIE Z.B. DEN US OPEN UND VIELLEICHT BLEIBT DAS HANDICAP VON TIGER WOODS FÜR EUCH UNERREICHT, DENNOCH HABT IHR SICHERLICH VIEL SPAß UND FREUDE AN EINER GEPFLEGTEN PARTIE GOLF. DAZU MÜSST IHR NICHT GLEICH EINEM CLUB BEITRETEN UND UNMENGEN AN GELD FÜR DIE ERSTAUSSTATTUNG AUSGEBEN. EINE SCHNUPPERRUNDE IM GOLFCLUB UM DIE ECKE GENÜGT VÖLLIG. VIEL SPAß BEIM EINLOCHEN.

WER WAR DABEI   HANDICAP

_____   _____

_____   _____

_____   _____

_____   _____

STRONG MAN BUCKET

BESONDERES – NOTIZEN – RESÜMEE

_____

_____

_____

_____

_____

HANDBALL

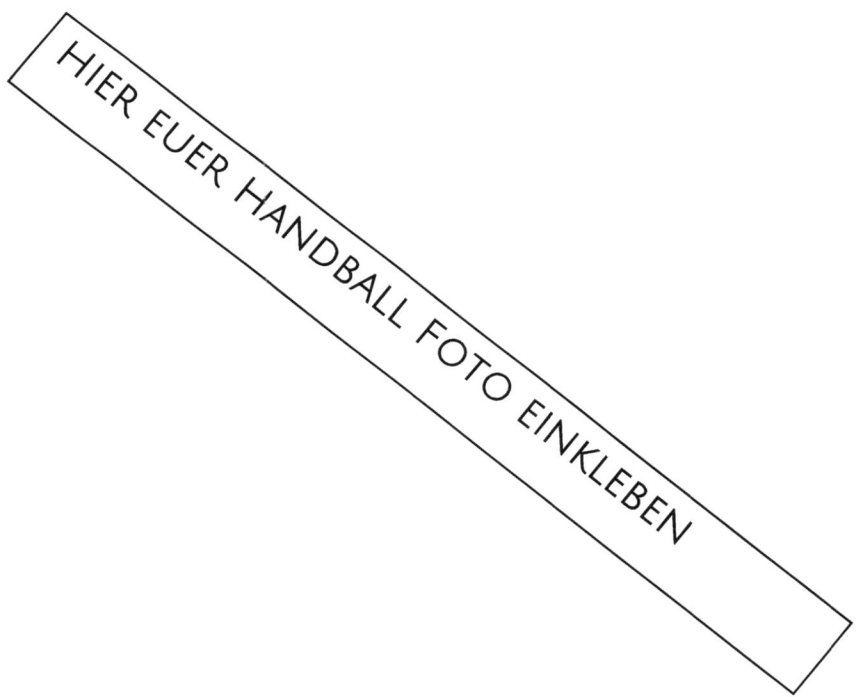

HIER EUER HANDBALL FOTO EINKLEBEN

HANDBALL

BERLIN, 29.OKTOBER 1917. DIE GEBURTSSTUNDE DES
HANDBALLS DURCH OBERTUNWART MAX HEISER.
NUR ZWEI JAHRE SPÄTER GEWANN DER TSV 1860
SPANDAU DIE ERSTE DEUTSCHE
HANDBALLMEISTERSCHAFT. WER MIT HANDBALL
BISHER **NICHT** VIEL AM HUT HATTE, SOLLTE DAS
JETZT ÄNDERN. LASST EUCH DAS SPIEL VON EINEM
HANDBALLER ERKLÄREN UND BESUCHT EIN
HANDBALLSPIEL. FÜR ETWAS MEHR STIMMUNG AM
BESTEN EINE PARTIE DER HÖCHSTEN SPIELKLASSE.

WER WAR DABEI

DATUM

_____

_____

_____

_____

_____

PARTIE &
ERGEBNIS

_____

BESONDERES – NOTIZEN – RESÜMEE

_____

_____

_____

_____

_____

STRONG
MAN
BUCKET

DAS GRILLFEST

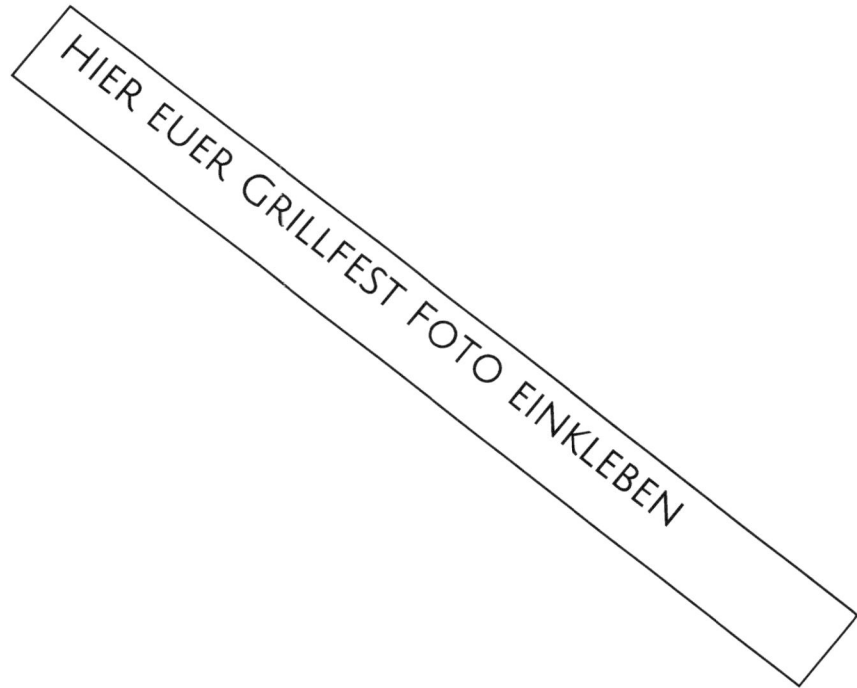

HIER EUER GRILLFEST FOTO EINKLEBEN

GRILLFEST

MAN SOLL DIE FESTE FEIERN, WIE SIE FALLEN.
UND WENN ES GERADE KEIN FEST GIBT, DANN
MACHT MAN SICH HALT EINES SELBST. ZEIT
FÜR EIN ENTSPANNTES GRILLFEST MIT
FREUNDEN UND FAMILIE. WAS AUF DEN GRILL
KOMMT, WEISS DER HERR DES HAUSES AM
BESTEN. SCHLIESSLICH IST ER DER CHEF AM
GRILL. ALSO BITTE UNBEDINGT BEACHTEN:
„KEINE RATSCHLÄGE – BIER HOLEN –
ABFLUG"

WER WAR DABEI

_____   DATUM

_____

_____   _____

_____

STRONG MAN BUCKET

BESONDERES – NOTIZEN – RESÜMEE

_____
_____
_____
_____
_____

FORMEL 1

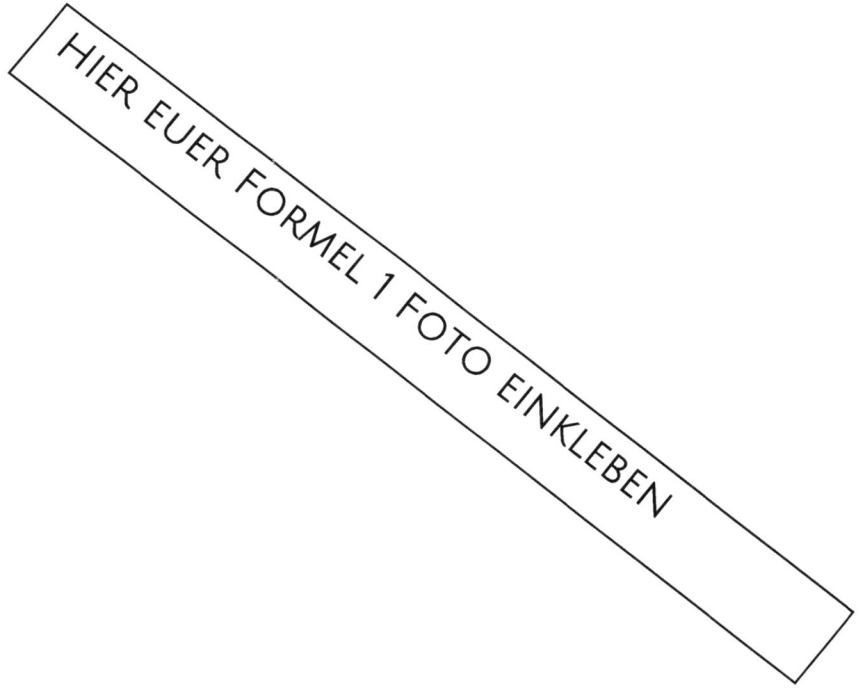

HIER EUER FORMEL 1 FOTO EINKLEBEN

FORMEL 1

DEN NAMEN MICHAEL SCHUMACHER, HAT
WAHRSCHEINLICH JEDER SCHON EINMAL
GEHÖRT. EINE LEGENDE DER FORMEL 1 MIT 7
WELTMEISTERTITELN. FORMEL 1 IST WEIT
MEHR, ALS MAN SIEHT. DER LEIHE SIEHT NUR
AUTOS, DIE IMMER WIEDER IM KREIS FAHREN,
DER EXPERTE SIEHT DA VIEL MEHR. WENN
MAN SICH ETWAS DAMIT BESCHÄFTIGT, IST
DER FORMEL 1 SPORT SEHR INTERESSANT.
GEHT ZU EINEM FORMEL 1 RENNEN ODER
MACHT EINE FORMEL 1 PARTY ZU HAUSE.

WER WAR DABEI

DATUM

_____

_____

_____   SIEGER

_____

STRONG MAN BUCKET

BESONDERES – NOTIZEN – RESÜMEE

_____

_____

_____

_____

GIN TASTING

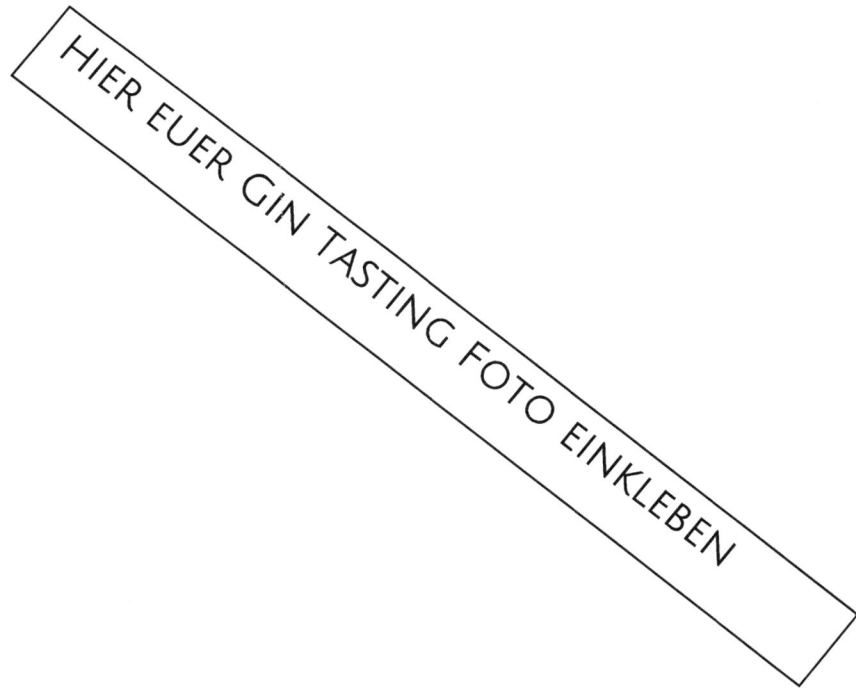

HIER EUER GIN TASTING FOTO EINKLEBEN

GIN TASTING

WUSSTEST DU, DASS GIN EIGENTLICH NICHTS ANDERES IST, ALS EIN WACHOLDERSCHNAPS? ZUR HERSTELLUNG VERWENDET MAN AGRARALKOHOL, DER MEIST AUS GETREIDE ODER MELASSE GEWONNEN WIRD. ZUR AROMATISIERUNG VERWENDET MAN GEWÜRZE, VOR ALLEM WACHOLDER UND KORIANDER. DURCH WEITERE GEWÜRZE, KRÄUTER, PFLANZEN ETC. ERGEBEN SICH VERSCHIEDENE GIN AROMEN. ZU WEIHNACHTEN VIELLEICHT ETWAS ORANGENSCHALE UND ZIMT, IM SOMMER EHER ZITRONE UND MINZE. ABER TESTET DOCH SELBST. GEHT ZU EINEM GIN TASTING ODER VERANSTALTET SELBST EINS ZU HAUSE ODER IN DER BAR.

WER WAR DABEI

DATUM

_____

_____

_____

LIEBLINGS GIN

_____

_____

STRONG MAN BUCKET

BESONDERES – NOTIZEN – RESÜMEE

_____

_____

_____

_____

_____

HELDEN DER KREISLIGA

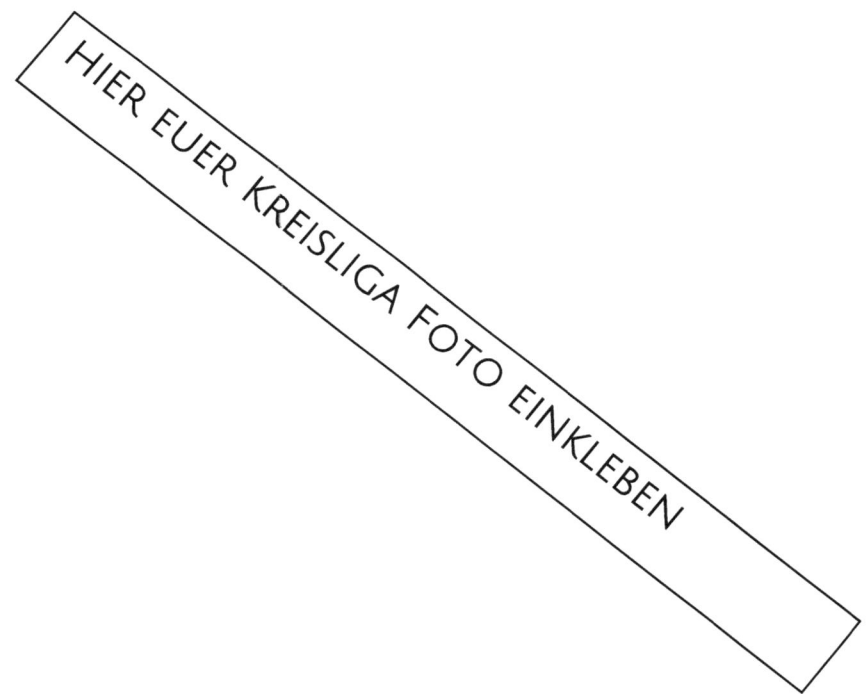

HIER EUER KREISLIGA FOTO EINKLEBEN

HELDEN DER KREISLIGA

JETZT WIRD ES RICHTIG WILD. GUTEN FUẞBALL SIEHT MAN BEI DEN PROFIS. LIEBE UND LEIDENSCHAFT IN DER KREISLIGA. HIER SIND DIE HELDEN UNTERWEGS, DIE UNS DIE SONNTAGE MIT IHRER UNGEBROCHENEN LEIDENSCHAFT, IHREM SIEGESWILLEN UND UNERMESSLICHEN EINSATZ, VERSÜẞEN. VOR ALLEM IN DER DRITTEN HALBZEIT, DIE IM SPORTHEIM STATTFINDET, HABEN EINIGE DIE GRÖẞTEN STÄRKEN. GEHT ZU EINEM KREISLIGASPIEL IN EURER REGION UND ÜBERZEUGT EUCH SELBST. P.S. SPORTHEIMBESUCH NACH DEM SPIEL IST PFLICHT.

WER WAR DABEI

DATUM

STRONG MAN BUCKEL

_____

_____

_____

_____

PARTIE & ERGEBNIS

_____

BESONDERES – NOTIZEN – RESÜMEE

_____

_____

_____

_____

_____

FUSSBALL GOLF

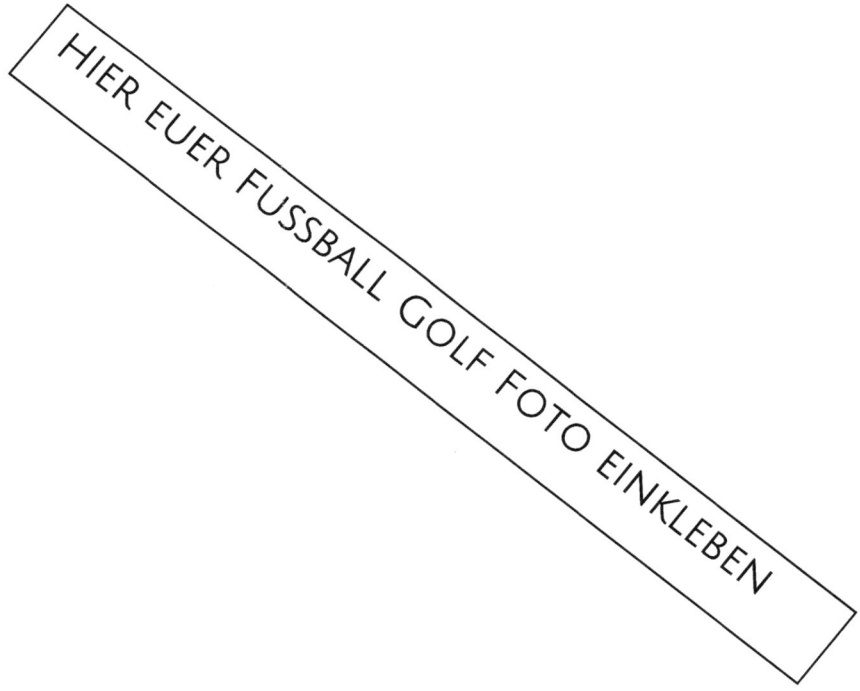

HIER EUER FUSSBALL GOLF FOTO EINKLEBEN

FUSSBALLGOLF

FUßBALL UND GOLF SIND JA ALLSEITS BEKANNTE SPORTARTEN. DA MUSS ERST EIN SCHWEDE KOMMEN, UM AUS FUßBALL UND GOLF DAS FUßBALL GOLF ZU MACHEN. FUßBALL GOLF ENTSTAND IN DEN 80ER JAHREN IN SCHWEDEN UND WIRD IMMER BELIEBTER. SEIT 2007 GIBT ES SOGAR WELTMEISTERSCHAFTEN DARIN. DESHALB EURE AUFGABE: AB ZUM FUßBALL GOLF.

WER WAR DABEI

DATUM

_____

_____

_____

_____

SIEGER

_____

STRONG MAN BUCKET

BESONDERES – NOTIZEN – RESÜMEE

_____
_____
_____
_____

DER SCHWEINSHAXEN

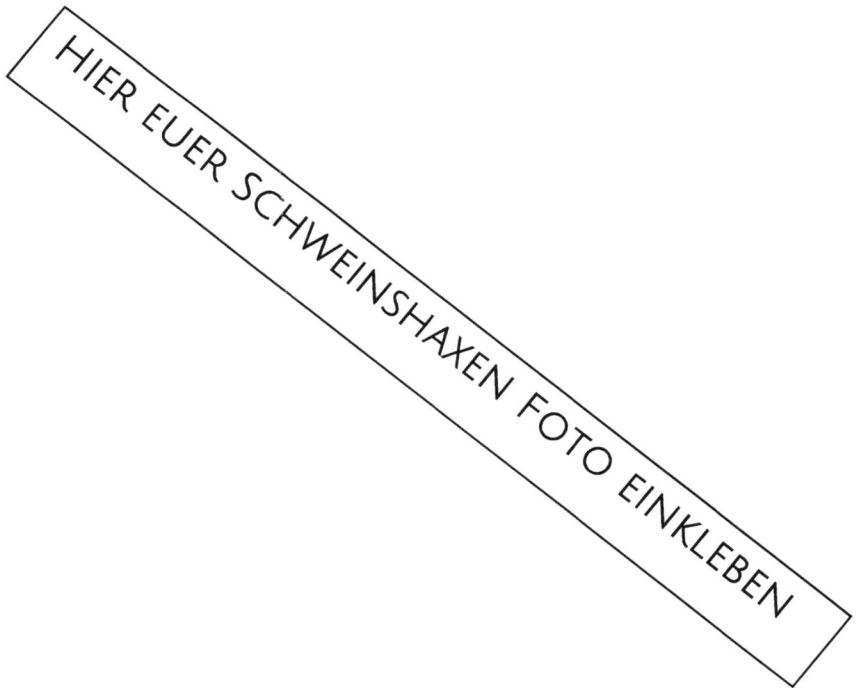

HIER EUER SCHWEINSHAXEN FOTO EINKLEBEN

SCHWEINSHAXEN

SCHWEINSHAXEN ZUZUBEREITEN IST GAR NICHT SO EINFACH. DAS FLEISCH SOLL JA ZART UND DENNOCH DURCH UND DIE SCHWARTE SCHÖN KNUSPRIG SEIN. KLEINER TIPP: EHE DER HAXEN IN DEN OFEN ODER GRILL KOMMT, CA. 2 STUNDEN AUF MITTLERER HITZE IM KOCHTOPF GAREN. DAZU GIBT'S NATÜRLICH KLÖßE, SAUERKRAUT UND EINE GUTE BIERKÜMMELSOßE. DIE MAß BIER DARF NATÜRLICH NICHT FEHLEN. VIELLEICHT MACHT IHR GLEICH EIN PRIVATES OKTOBERFEST DARAUS.

DATUM

WER WAR DABEI

STRONG MAN BUCKET

_____

_____

_____

_____

_____

BESONDERES – NOTIZEN – RESÜMEE

_____

_____

_____

_____

_____

DER SCHNAPS SCHUSS

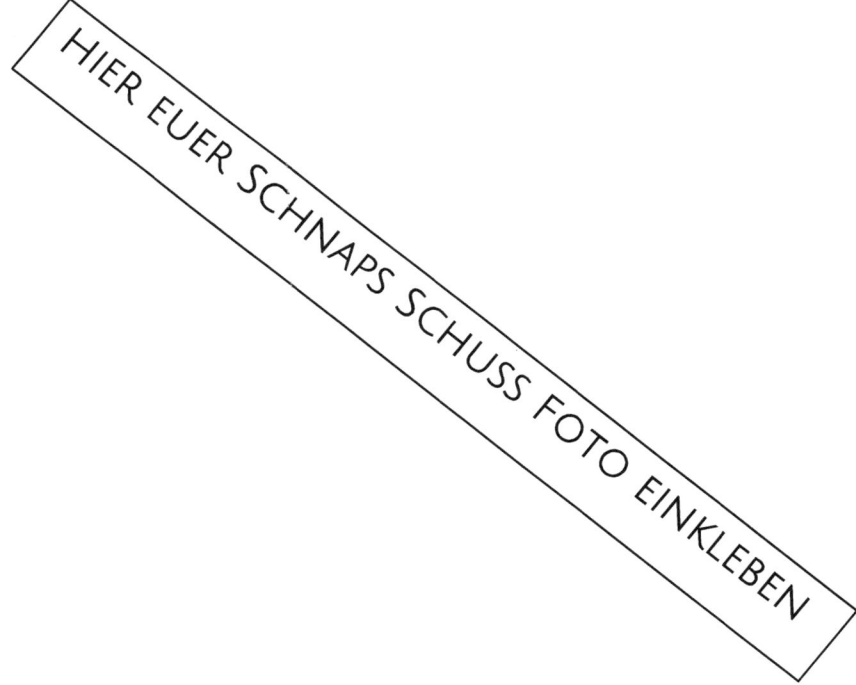

HIER EUER SCHNAPS SCHUSS FOTO EINKLEBEN

SCHNAPSPROBE

HIMBEERGEIST, WILLIAMS CHRIST BIRNE, OBSTLER ODER DOCH VIELLEICHT LIEBER EIN JÄGERMEISTER? NACH EINEM GUTEN ESSEN VERSTEHT SICH DIE MANIER, EINEN VERDAUER ANZUBIETEN. DAMIT IHR ETWAS MEHR ERFAHRUNG ZUM THEMA SCHNAPS SAMMELN KÖNNT, GEHT IHR ZU EINER SCHNAPSPROBE IN EINE DESTILLERIE EURER WAHL. ES GEHT SCHLIEßLICH UM DAS WOHL EURER GÄSTE. NACH DER NÄCHSTEN „FRESSORGIE", WOLLT IHR IHNEN DOCH SICHERLICH NUR DAS BESTE ZUR VERDAUUNG ANBIETEN.

WER WAR DABEI

DATUM

_____

_____

_____

DESTILLERIE

_____

_____

_____

STRONG MAN BUCKET

LIEBLINGSSCHNAPS _____

BESONDERES – NOTIZEN – RESÜMEE

_____

_____

_____

_____

AIR HOCKEY BATTLE

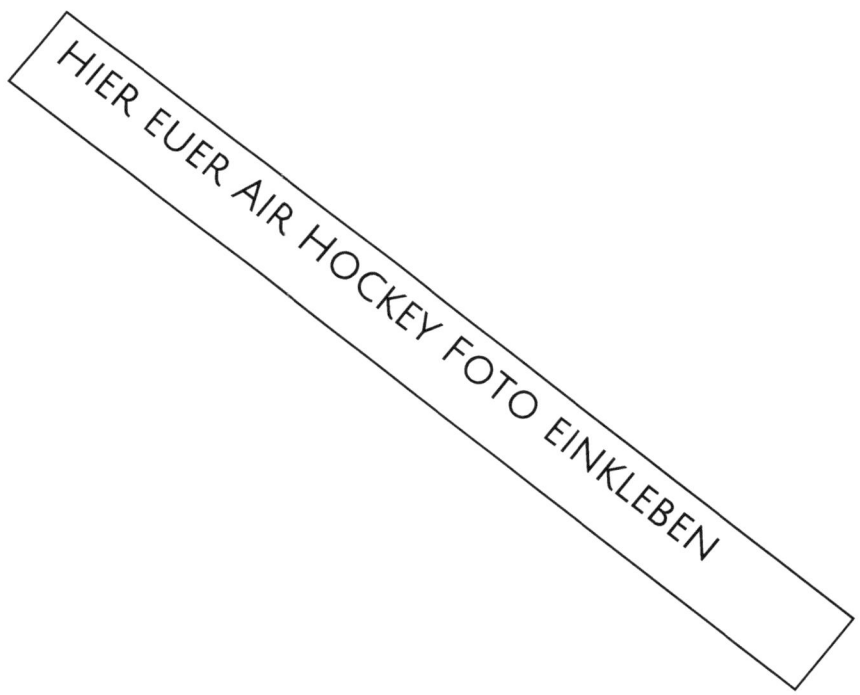

HIER EUER AIR HOCKEY FOTO EINKLEBEN

AIR HOCKEY

KENNT IHR SCHON AIR HOCKEY? WENN JA,
DANN WISST IHR JA, WIE VIEL SPAß ES
MACHT. WENN NICHT, WIRD ES ABER ZEIT.
SUCHT EUCH EINE SPIELHALLE, INDOOR
SPIELPLATZ ODER ÄHNLICHES, WO ES EINEN
AIR HOCKEY TISCH GIBT UND MACHT EIN
ORDENTLICHES MATCH. BEI INTENSIVEM GAME
PLAY KOMMT IHR SOGAR INS SCHWITZEN. IN
DEN USA GIBT ES INZWISCHEN SOGAR AIR
HOCKEY MEISTERSCHAFTEN.

WER WAR DABEI

DATUM

_____

_____

_____

SIEGER

STRONG MAN BUCKET

BESONDERES – NOTIZEN – RESÜMEE

PLAY STATION

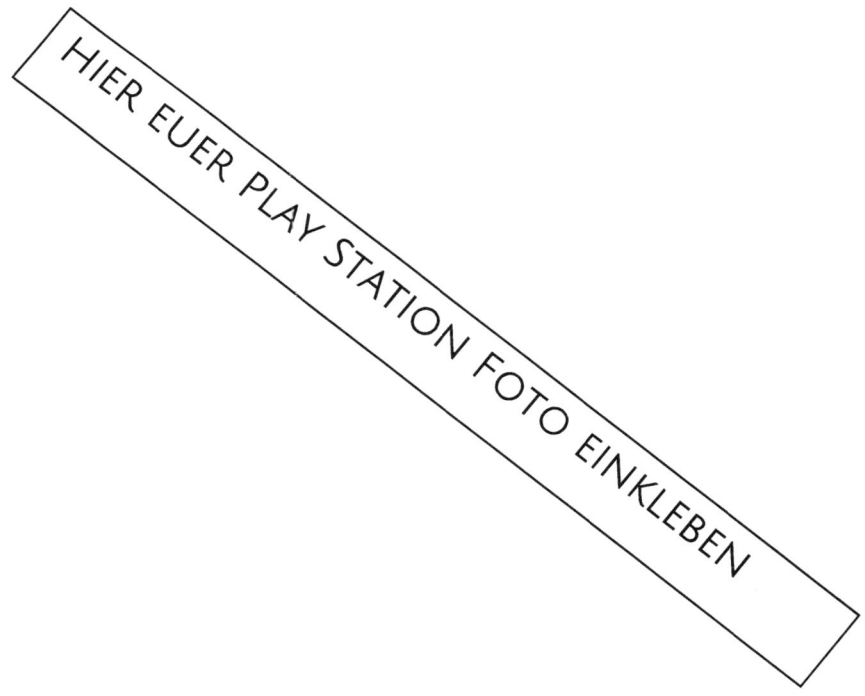

HIER EUER PLAY STATION FOTO EINKLEBEN

PLAY STATION

SEID MAL GANZ EHRLICH. WIE VIELE PLAY STATION CONTROLLER HABT IHR IN EURER AKTIVEN ZOCKER LAUFBAHN GESCHROTTET? IHR KENNT DAS SICHER. MAN SPIELT FIFA. ES IST DIE 89.MINUTE. DIE FÜHRUNG GANZ KNAPP. MIT DIESEM SIEG, STEIGT IHR IN DER WEEKEND LEAGUE EINE **STUFE** HÖHER. UND DANN PASSIERT ES DOCH. GEGENTOR. „ICH HABE X **GEDRÜCKT!!!** ICH HABE X **GEDRÜCKT!!!**" UND DER CONTROLLER FLIEGT EMOTIONSGELADEN UND VOLLER **WUT** GEGEN DIE WAND. SPIELT EINE **RUNDE** PLAY STATION. GEGENEINANDER, **ONLINE**, WIE IMMER IHR WOLLT, WAS IMMER IHR WOLLT. SOLANGE IHR **EUCH** DABEI ABREAGIEREN KÖNNT OHNE EINEN HERZINFARKT ZU ERLEIDEN, STEHEN **EUCH** ALLE **TÜREN** OFFEN.

STRONG MAN BUCKET

DATUM

WER WAR DABEI

—————————————— SPIEL & SIEGER _____

——————————————

—————————— ——————————

BESONDERES – NOTIZEN – RESÜMEE

_____
_____
_____
_____
_____

115

TOUR DE FRANCE

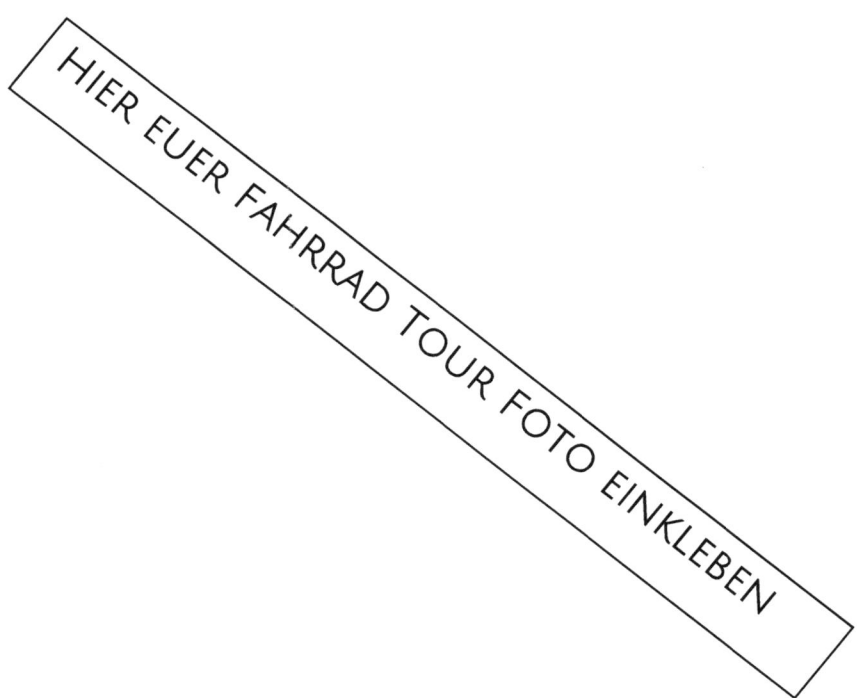

HIER EUER FAHRRAD TOUR FOTO EINKLEBEN

FAHRRAD TOUR

FRISCHE **LUFT UND** BEWEGUNG HAT NOCH NIEMANDEM GESCHADET. MACHT EURE DRAHTESEL FLOTT, **SUCHT EUCH EINE ROUTE** AUS UND DANN GEHT ES AB AUF TOUR. PAUSEN **NICHT** VERGESSEN UND AUSREICHEND TRINKEN. DAS RADLER WURDE JA EXTRA FÜR DIE RADLER ERFUNDEN. UND **NICHT** SO WEIT FAHREN. DAS WAS IHR **HINGEFAHREN** SEID, MÜSST IHR **AUCH** WIEDER ZURÜCKFAHREN.

DATUM

WER WAR DABEI

_____

_____ STRECKE IN KM

_____

_____

STRONG MAN BUCKET

BESONDERES – NOTIZEN – RESÜMEE

_____
_____
_____
_____

ADRENALIN KICK

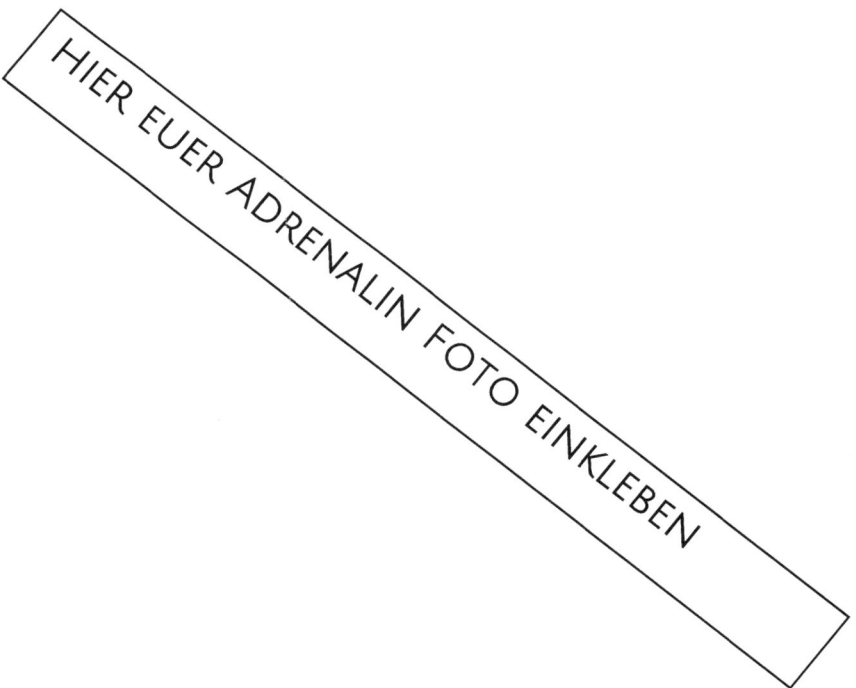

HIER EUER ADRENALIN FOTO EINKLEBEN

ADRENALIN

WANN WAR EUER LETZTER ADRENALIN KICK?
SICHER IST DAS SCHON EINE GANZE WEILE
HER. ZUM **GLÜCK** GIBT ES DAS
SCHÜTZENFEST, VOLKSFEST, MESSE ODER WIE
ES **AUCH** IMMER BEI **EUCH** HEIßEN MAG. **GEHT**
DORT **HIN** UND **SUCHT** EUCH DAS
„GEFÄHRLICHSTE" FAHRGESCHÄFT AUS, AUF
DEM IHR MINDESTENS EINE RUNDE DREHT.
ADRENALIN GARANTIERT!

WER WAR DABEI

_____

_____

_____

STRONG MAN BUCKET

DATUM

_____

EUER HÖLLENRITT

_____

BESONDERES – NOTIZEN – RESÜMEE

_____

_____

_____

_____

IM BIERZELT

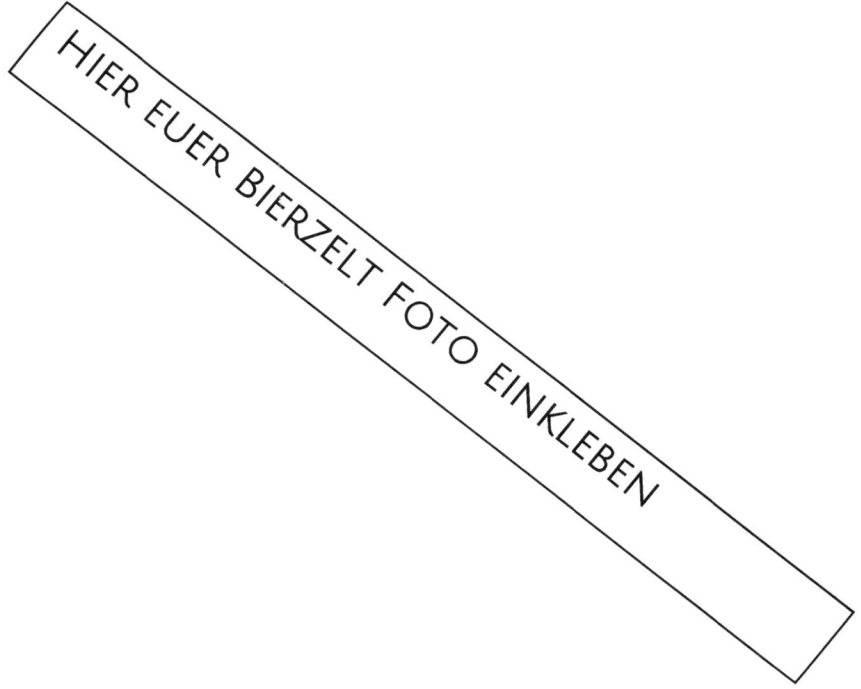

HIER EUER BIERZELT FOTO EINKLEBEN

BIERZELT

WENN IHR SCHON EINMAL AUF DEM **SCHÜTZENFEST** SEID, DANN KÖNNT IHR AUCH GLEICH MAL INS BIERZELT SCHAUEN. NACH EUREM ADRENALIN KICK, **TUT** SO EINE MAß BIER SICHERLICH GANZ GUT. VIELLEICHT NOCH EIN HENDL ODER EINE HAXE DAZU, DAMIT GENUG GRUNDLAGE FÜR DIE NÄCHSTEN MAßEN VORHANDEN IST. DAS GANZE IN TRACHT, BEI BLASMUSIK UND AB UND AN EINEN NASE GLETSCHERBRIESE **SCHNUPFTABAK**, IST DANN DIE CHAMPIONS LEAGUE DER **SCHÜRTZENJÄGER**. PROSIT!

WER WAR DABEI

DATUM

STRONG MAN BUCKEL

_____
_____
_____ BIERZELT BAND
_____

_____

BESONDERES – NOTIZEN – RESÜMEE
_____
_____
_____
_____

EINKAUFSWAGEN RENNEN

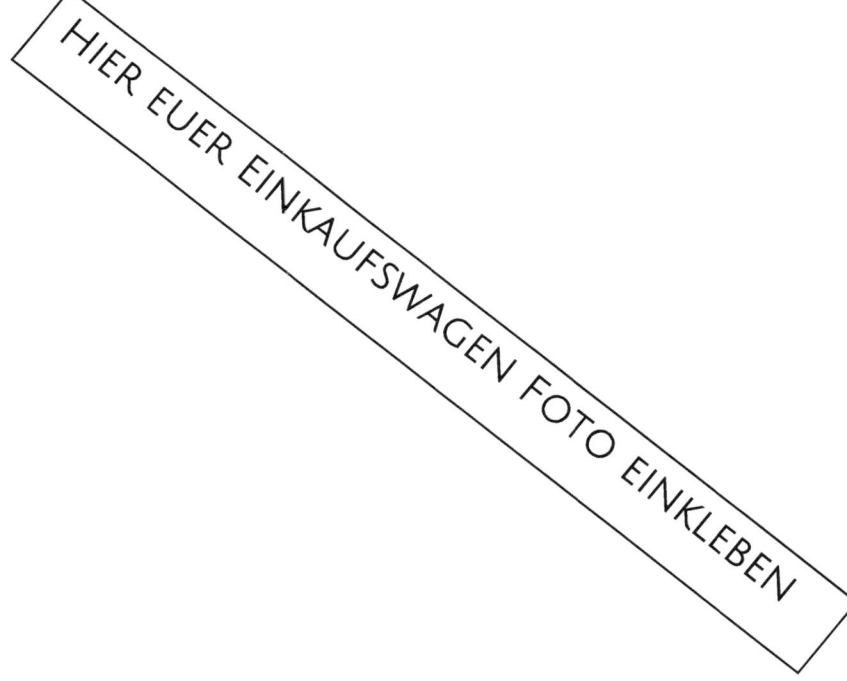

HIER EUER EINKAUFSWAGEN FOTO EINKLEBEN

EINKAUSWAGEN

EIGENTLICH KENNEN WIR ES JA NUR AUS DEM FERNSEHEN. DAS EINKAUFSWAGENRENNEN. ABER WARUM **NICHT** MAL WIRKLICH MACHEN? **SUCHT EUCH** EIN PAAR FREUNDE DIE MITMACHEN. GEHT AN EINEM **SONNTAG** ZU EINEM EINKAUFSLADEN MIT GROßEM PARKPLATZ, MARKIERT **START UND ZIELLINIE, SCHNAPPT EUCH** ZWEI EINKAUFSWÄGEN **UND SCHON GEHT'S LOS.** EINER SITZT IM WAGEN, EIN ZWEITER SCHIEBT ORDENTLICH AN. WER KOMMT ALS ERSTER ÜBER DIE ZIELLINIE BZW. WER KOMMT ÜBERHAUPT DORT AN? STURZHELME **NICHT** VERGESSEN **UND FAIR BLEIBEN.** GEBT DEM LADENBESITZER BESCHEID, FALLS IHR AUSVERSEHEN ETWAS KAPUTT GEMACHT HABT.

WER WAR DABEI   **DATUM**

_____   _____

_____   SIEGER

_____   _____

BESONDERES – NOTIZEN – RESÜMEE

_____

_____

_____

_____

STRONG MAN BUCKET

DARTS GAME

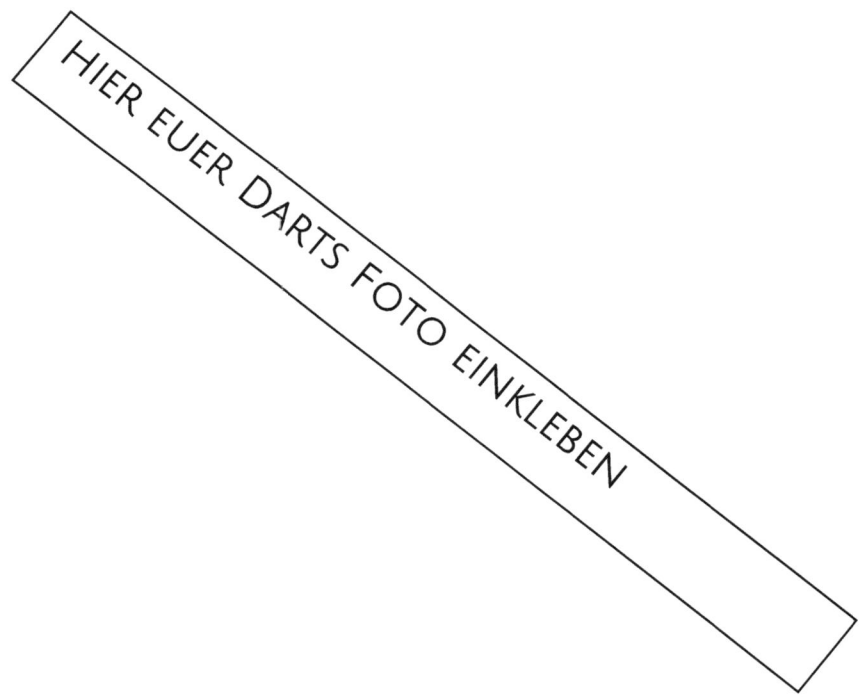

HIER EUER DARTS FOTO EINKLEBEN

DARTS

AUF DEN SPUREN VON MIGHTY MIKE, **TAUCHT** IHR DIESMAL IN DIE WELT DER **DARTSSPIELER** EIN. ÜBRIGENS **HEISST DARTS IN SÜDDEUTSCHLAND** „SPICKEN" ODER „SPICKERN". HÖRT SICH IRGENDWIE LUSTIG AN: „HEUTE GEHEN WIR SPICKERN". ABER EGAL. **SUCHT EUCH KNEIPE MIT EINEM DARTS AUTOMATEN UND SPIELT DARTS. VIELLEICHT SCHAFFT IHR** JA DEN EIN ODER ANDEREN TREFFER IN DIE „TRIPLE 20" ODER IN DAS „BULLS EYE". **NICHT** VERGESSEN GENÜGEND ZIELWASSER ZU TRINKEN.

WER WAR DABEI

DATUM

_____

_____

_____

SIEGER

_____

BESONDERES – NOTIZEN – RESÜMEE

STRONG MAN BUCKET

_____

_____

_____

_____

_____

COCKTAIL NIGHT

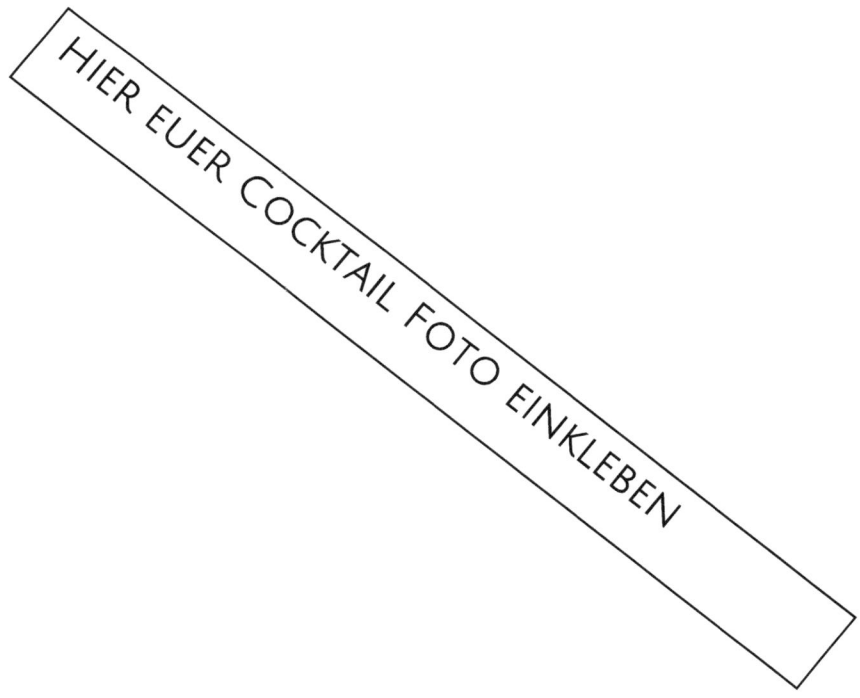

HIER EUER COCKTAIL FOTO EINKLEBEN

COCKTAILS

ES IST SCHON ERSTAUNLICH, WAS EIN GUTER BARKEEPER SO ALLES ZAUBERN KANN. PRAKTISCH GESEHEN, SCHÜTTET ER JA NUR EIN PAAR FLÜSSIGKEITEN ZUSAMMEN UND ÜBERGIEßT DAMIT EIN MIT EIS GEFÜLLTES GLAS. WENN DAS WIRKLICH ALLES WÄRE, DANN WÄRE WIRKLICH JEDER BARKEEPER. VERSUCHT EUCH SELBST. SUCHT EUCH EIN PAAR COCKTAILS RAUS, DIE IHR MACHEN WOLLT UND SCHMEIßT EINE COCKTAIL PARTY. P.S. JACKY COLA UND WODKA RED BULL SIND KEINE COCKTAILS.

WER WAR DABEI   COCKTAILS   DATUM

STRONG MAN BUCKET

BESONDERES – NOTIZEN – RESÜMEE

PERFEKTE BURGER

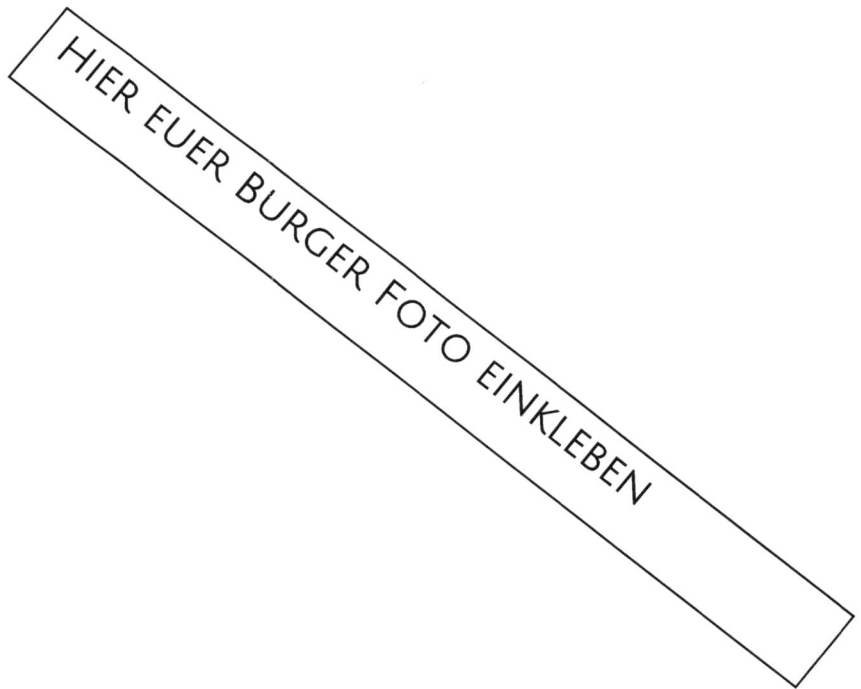

HIER EUER BURGER FOTO EINKLEBEN

BURGER

WER BRAUCHT SCHON MC DONALD'S ODER BURGER KING, WENN MAN SELBST BURGER MACHEN KANN, DIE AM ENDE AUCH NOCH VIEL BESSER SCHMECKEN. VARIATIONEN GIBT ES SCHLIEßLICH GENUG. ICH HABE SOGAR SCHON EINMAL EINEN MELONEN BURGER GEGESSEN. LASST EURER FANTASIE FREIEN LAUF UND KREIERT EURE EIGENEN BURGER. LADET EURE FREUNDE UND FAMILIE ZUR BURGER PARTY EIN. WENN ES GEHT, SOLLTEN DIE PADDYS FÜR DIE BURGER SCHON GEGRILLT SEIN. MAN SETZT JA AUF QUALITÄT.

WER WAR DABEI

STRONG MAN BUCKET

BURGER KREATIONEN

_____

_____

_____

_____

DATUM

BESONDERES – NOTIZEN – RESÜMEE _____

_____

_____

_____

_____

AMERICAN FOOTBALL

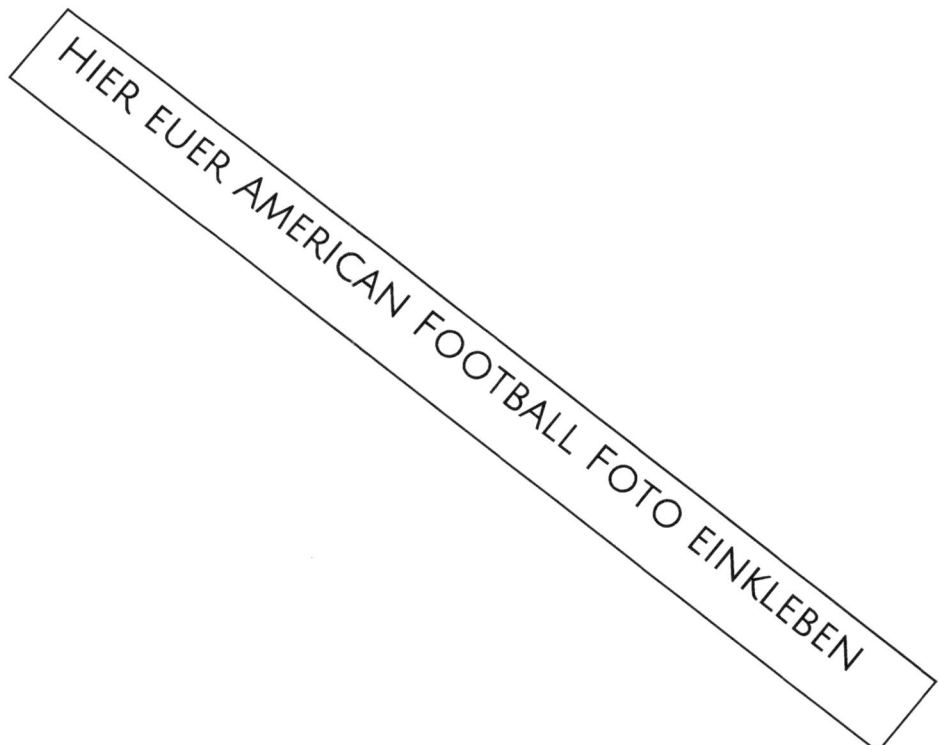

HIER EUER AMERICAN FOOTBALL FOTO EINKLEBEN

AMERICAN FOOTBALL

AMERICAN FOOTBALL GEWINNT AUßERHALB
DER USA IMMER MEHR AN POPULARITÄT. IN
VIELEN KLEINEREN STÄDTEN UND GEMEINDEN
WIRD INZWISCHEN FOOTBALL GESPIELT.
SICHERLICH, FINDET IHR AUCH EINEN CLUB IN
DEINER REGION. VIELLEICHT HABT IHR JA
SOGAR LUST MAL BEIM TRAINING
MITZUMACHEN. AUF JEDEN FALL IST ES EURE
AUFGABE EIN SPIEL DER REGIONALEN
FOOTBALL HELDEN ZU BESUCHEN UND EUCH
DAS SPEKTAKEL ANZUSEHEN.

WER WAR DABEI   DATUM

_____   _____
_____
_____   SIEGER
_____   _____

BESONDERES - NOTIZEN - RESÜMEE

_____
_____
_____
_____
_____

STRONG MAN BUCKET

WEIHNACHTSZEIT

HIER EUER WEIHNACHTSZEIT FOTO EINKLEBEN

WEIHNACHTSZEIT

DIE WEIHNACHTSZEIT IST SCHON EINE SEHR SCHÖNE ZEIT. NEBEN DEM GANZEN STRESS, NOCH ALLE EINKÄUFE UND ERLEDIGUNGEN VOR DEN FEIERTAGEN ZU SCHAFFEN, STEHEN ZIG FEIERN, TREFFEN UND ANDERWEITIGE VERPFLICHTUNGEN AN. KEIN WUNDER, DASS DA SO MANCHER DIE WEIHNACHTSZEIT VERFLUCHT. ABER WARUM MACHT IHR ES EUCH NICHT EINFACH ENTSPANNT? LADET EURE FREUNDE AUF BRATWÜRSTE UND GLÜHWEIN EIN. DER EIGENE WEIHNACHTSMARKT ZU HAUSE EBEN. GANZ OHNE STRESS.

WER WAR DABEI

_____

_____   DATUM

_____

_____   _____

STRONG MAN BUCKET

BESONDERES – NOTIZEN – RESÜMEE

_____

_____

_____

_____

_____

BOXEN

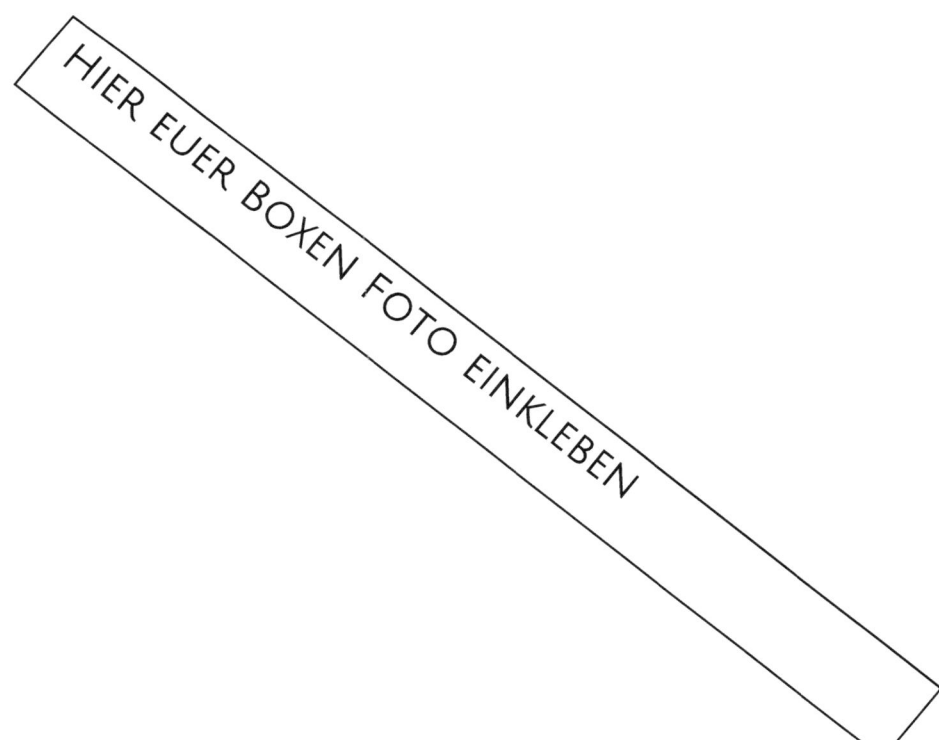

HIER EUER BOXEN FOTO EINKLEBEN

BOXEN

SICHERLICH KÖNNTE DIESE BUCKET JETZT VON EUCH VERLANGEN, DASS IHR IN DEN RING STEIGT UND EUCH DIE SYNAPSEN AUS DER STIRN PRÜGELT. ABER WIR LASSEN DANN DOCH LIEBER DIE PROFIS RAN UND SCHAUEN NUR ZU. WENN MÖGLICH, BESORGT EUCH KARTEN FÜR EINEN LIVE BOXKAMPF. ÄHNLICHE SPORTARTEN, WIE KICKBOXEN, MMA ODER FREE FIGHT SIND NATÜRLICH AUCH IN ORDNUNG. SOLLTET IHR KEINE MÖGLICHKEIT HABEN, EINEN FIGHT LIVE ZU ERLEBEN, DANN MACHT BEIM NÄCHSTEN TV EVENT EINE PARTY MIT FREUNDEN DARAUS.

FIGHT

DATUM

WER WAR DABEI

_____

_____   SIEGER

_____

_____

STRONG MAN BUCKET

BESONDERES – NOTIZEN – RESÜMEE

_____
_____
_____
_____
_____

BILLARD MATCH

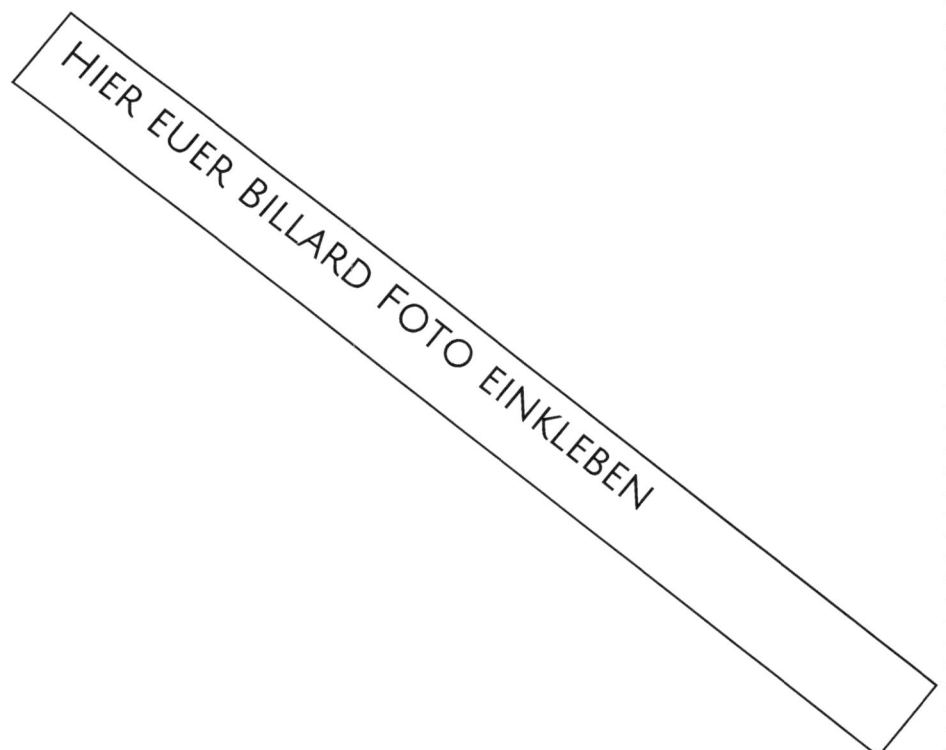

HIER EUER BILLARD FOTO EINKLEBEN

BILLARD

FRÜHER GAB ES IN FAST JEDER KNEIPE EINEN BILLARD TISCH, EINEN KICKER, EINEN FLIPPER, EIN POPEYE ARCADE AUTOMATEN UND 2 BIS 3 GELDSPIELAUTOMATEN. DESHALB GAB ES FRÜHER WESENTLICH BESSERE BILLARDSPIELER ALS HEUTE. ZUMINDEST IM AMATEUR UND HOBBYBEREICH. ABER DIE BILLARD TISCHE SIND JA NICHT AUSGESTORBEN. SIE STEHEN EBEN NUR NICHT MEHR IN JEDER KNEIPE. SUCHT EUCH EINE KNEIPE, BAR ODER SPIELHALLE MIT EINEM BILLARD TISCH UND LASST DIE KUGELN ROLLEN.

WER WAR DABEI   DATUM

_____

_____   SIEGER

_____

_____

STRONG MAN BUCKET

BESONDERES – NOTIZEN – RESÜMEE

_____

_____

_____

_____

_____

EISHOCKEY SPIEL

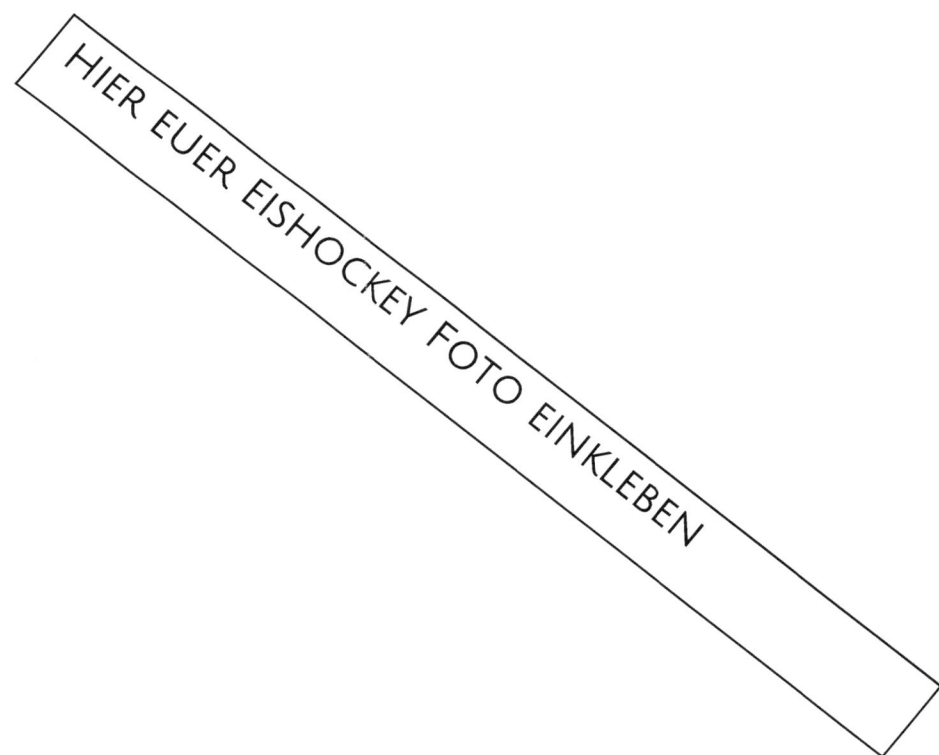

HIER EUER EISHOCKEY FOTO EINKLEBEN

EISHOCKEY

EISHOCKEY IST DIE EINZIGE SPORTART, VON DER **ICH WEIß**, DASS SIE KEINE KAMPFSPORTART IST, ABER MAN SEINEN GEGNER MIT DEN FÄUSTEN VERPRÜGELN DARF. **DAFÜR UNTERBRICHT** DER **SCHIEDSRICHTER** SOGAR DAS SPIEL, BIS DIE BEIDEN BOXER SICH AUSGETOBT HABEN. DAS MÜSST IHR **EUCH** EINFACH ANSEHEN. BESORGT EUCH KARTEN FÜRS EISHOCKEY. ALTERNATIV KÖNNT IHR EINE EISHOCKEY PARTY ZU HAUSE VOR DEM FERNSEHER VERANSTALTEN. ABER LIVE IST **NATÜRLICH** VIEL BESSER.

WER WAR DABEI   DATUM

_____

_____   _____

_____   SIEGER

_____   _____

BESONDERES – NOTIZEN – RESÜMEE

_____

_____

_____

_____

_____

STRONG MAN BUCKET

KURZTRIP ÜBERS WOCHENENDE

HIER EUER KURZTRIP FOTO EINKLEBEN

KURZTRIP

EINFACH MAL RAUSKOMMEN, ABSCHALTEN, AUSRUHEN, ENTSPANNEN. ODER VIELLEICHT DOCH LIEBER, ABGEHEN, ABDREHEN, FEIERN UND DIE SAU RAUSLASSEN? ES LIEGT GANZ BEI EUCH. MACHT EINEN WOCHENENDTRIP. OB ES AN DEN BALLERMANN, INS WELLNESSHOTEL, IN DIE WILDNIS ODER SONST WO HINGEHT, ENTSCHEIDET IHR SELBST. HAUPTSACHE IHR KOMMT AUS DEM ALLTAG RAUS UND HABT MAL EIN WOCHENENDE NUR FÜR EUCH.

REISEZIEL

WER WAR DABEI

_____

_____

_____   REISEZEITRAUM

_____

_____

STRONG MAN BUCKET

BESONDERES – NOTIZEN – RESÜMEE

_____

_____

_____

_____

_____

BIER PONG SPIEL

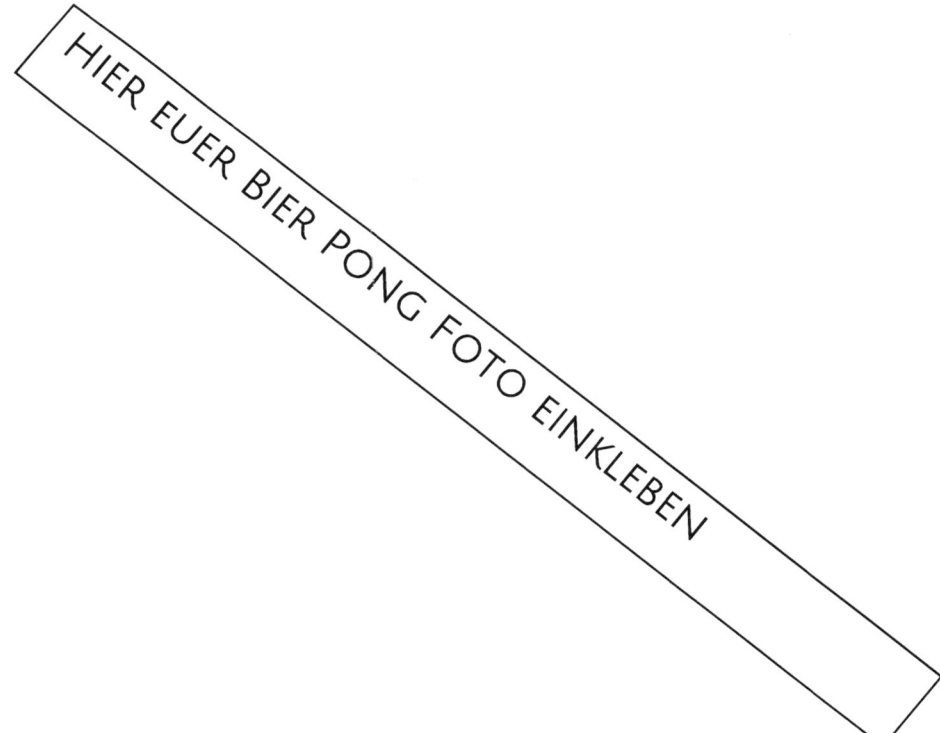

HIER EUER BIER PONG FOTO EINKLEBEN

BIER PONG

BIER PONG GIBT ES SCHON SEIT ETWA MITTE DER 50ER JAHRE. DIE SPIELIDEE ENTSTAND AM DARTMOUTH COLLEGE IN NEW HAMPSHIRE IN DEN USA, ALS ZUSCHAUER EINER TISCHTENNISPARTIE, IHRE BIERBECHER AUF DIE TISCHTENNISPLATTE STELLTEN. ANFANGS SPIELTE MAN BIER PONG MIT TISCHTENNISSCHLÄGER UND BIERFLASCHEN. DURCH EINIGE ABWANDLUNGEN, ENTWICKELTE SICH DAS SPIEL ZU DEM, WAS ES HEUTE IST. BESORGT EUCH EIN PAAR BECHER UND EIN PAAR TISCHTENNISBÄLLE UND SCHON KANN ES LOSGEHEN.

WER WAR DABEI

DATUM

STRONG MAN BUCKET

SIEGER

BESONDERES – NOTIZEN – RESÜMEE

143

DER HOLZFÄLLER

HIER EUER HOLZFÄLLER FOTO EINKLEBEN

144

HOLZFÄLLER

DER HOLZFÄLLER IST EINES DER **STATUSSYMBOLE** ECHTER MÄNNER. IN UNSERER VORSTELLUNG IST EIN HOLZFÄLLER MINDESTENS ZWEI METER GROß. ER **HAT SCHULTERN**, SO BREIT WIE EIN KLEIDERSCHRANK, HÄNDE SO GROß WIE BRATPFANNEN UND IST KRÄFTIG WIE EIN BÄR. ER VERBRINGT DEN GANZEN TAG IM WALD **UND TRÄGT** IMMER SEINE AXT BEI SICH. NATÜRLICH KLEIDET ER SICH MIT EINEM ROTEN KARO HEMD **UND HAT EINEN SCHWARZEN VOLLBART**. NUN, UM HERAUSZUFINDEN AUS WELCHEM HOLZ IHR GESCHNITZT SEID, IST ES **NUN** EURE AUFGABE EINEN BAUM ZU FÄLLEN. FRAGT EINEN FÖRSTER UM ERLAUBNIS ODER WARTET BIS WEIHNACHTEN ZUM WEIHNACHTSBAUM SCHLAGEN.

WER WAR DABEI

DATUM

_____ _____

_____ BAUMGRÖßE

_____ _____

BESONDERES – NOTIZEN – RESÜMEE

STRONG MAN BUCKET

DAS FESTIVAL

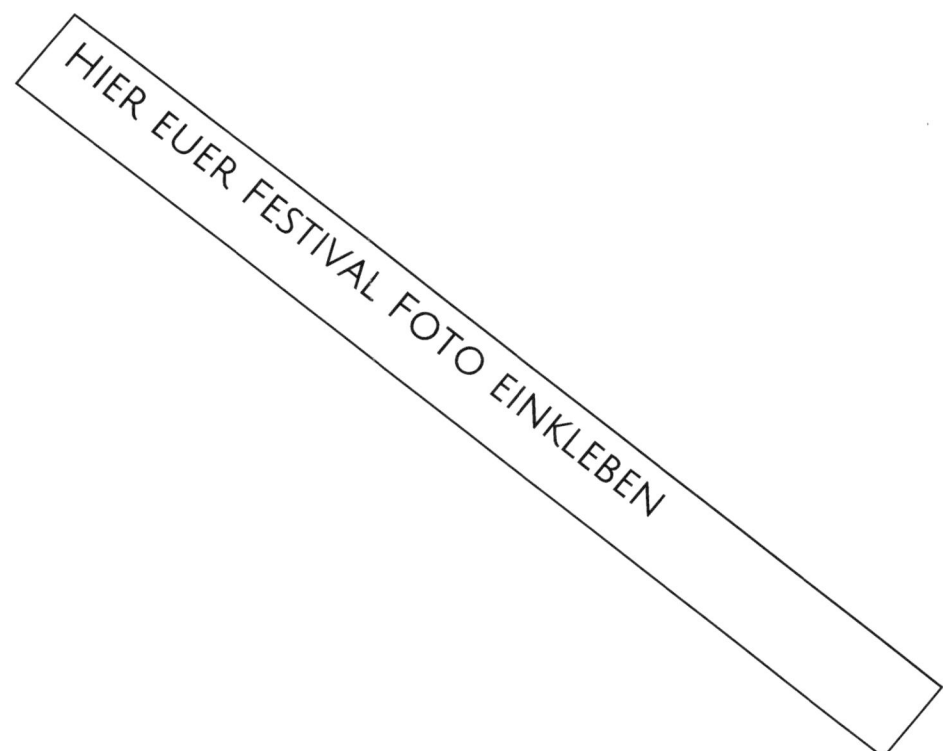

HIER EUER FESTIVAL FOTO EINKLEBEN

FESTIVAL

JEDER MANN SOLLTE MINDESTENS EINMAL IN SEINEM LEBEN AUF EINEM FESTIVAL GEWESEN SEIN. ABER WENN IHR DENKT, IHR MIETET EUCH GANZ GEMÜTLICH IN EIN HOTEL, FERNAB DES FESTIVALS EIN, GEHT EURE RECHNUNG NICHT WIRKLICH AUF. ZELT EINPACKEN, DOSENBIER UND TÜTENFUTTER WERDEN EURE BESTEN FREUNDE IN DEN NÄCHSTEN TAGEN. ES BLEIBT SCHÖN AUF DEM GELÄNDE UND ES WIRD DURCHGEZOGEN BIS ZUM SCHLUSS. ES HAT SICH ALS SEHR NÜTZLICH ERWIESEN, KLOPAPIER ZU EINEM FESTIVAL MITZUNEHMEN. DAS „WEIßE GOLD" IST EIN MUST-HAVE AUF JEDEM FESTIVAL.

WER WAR DABEI

DATUM

_____

_____

_____

FESTIVAL

_____

STRONG MAN BUCKET

BESONDERES – NOTIZEN – RESÜMEE

_____

_____

_____

_____

_____

FEDERBALL

HIER EUER BADMINTON FOTO EINKLEBEN

FEDERBALL

ALSO BEI MÄNNERN HEIßT ES FEDERBALL. UND DA
WIRD SICH AUCH NICHTS DARAN ÄNDERN. SELBST
WENN ES IN DER HALLE MIT NETZ, SCHIEDSRICHTER
UND ZUSCHAUERN GESPIELT WIRD. FEDERBALL
BLEIBT FEDERBALL. ABER ÜBERZEUGT EUCH SELBST,
OB DA NICHT DOCH ETWAS MEHR DAZU GEHÖRT. AM
BESTEN SUCHT IHR EUCH EINE GRUPPE, DIE
REGELMÄßIG BADMINTON SPIELT UND LASST EUCH
IN DIE WELT DES PROFESSIONELLEN „FEDERBALL"
EINFÜHREN. OB IHR DANN IMMER NOCH FEDERBALL
DAZU SAGT, WAGE ICH ZU BEZWEIFELN.

WER WAR DABEI

_____

_____   DATUM

_____

_____   _____

STRONG MAN BUCKET

BESONDERES – NOTIZEN – RESÜMEE

_____

_____

_____

_____

_____

DIE ARSCHBOMBE

HIER EUER ARSCHBOMBEN FOTO EINKLEBEN

ARSCHBOMBE

WELCHER JUNGE HAT IN SEINER KINDHEIT NICHT VERSUCHT, DIE EPISCHSTE UND LEGENDÄRSTE ARSCHBOMBE ALLER ZEITEN ZU SCHAFFEN? MIT DEN GERADE MAL 30 BIS 40 KG WAR DAS GAR NICHT SO EINFACH. DER 5 METER TURM WAR AUCH VIEL ZU HOCH UND EIN ABSOLUTES TABU. ZUM GLÜCK HABT IHR JETZT ETWAS MEHR AUF DEN RIPPEN UND DER 5 METER TURM MACHT EUCH SICHERLICH AUCH KEINE ANGST MEHR. AUF DEN SPUREN EURER KINDHEIT, IST ES NUN EURE AUFGABE EINE LEGENDÄRE ARSCHBOMBE VOM 5 METER TURM IM SCHWIMMBAD ZU MACHEN. WER SICH HÖHER TRAUT, DEM SEI ES SELBST ÜBERLASSEN.

WER WAR DABEI

DATUM

STRONG MAN BUCKET

_____

_____

TURMHÖHE

_____

_____

BESONDERES – NOTIZEN – RESÜMEE

_____

_____

_____

_____

THIS IS THE NBA

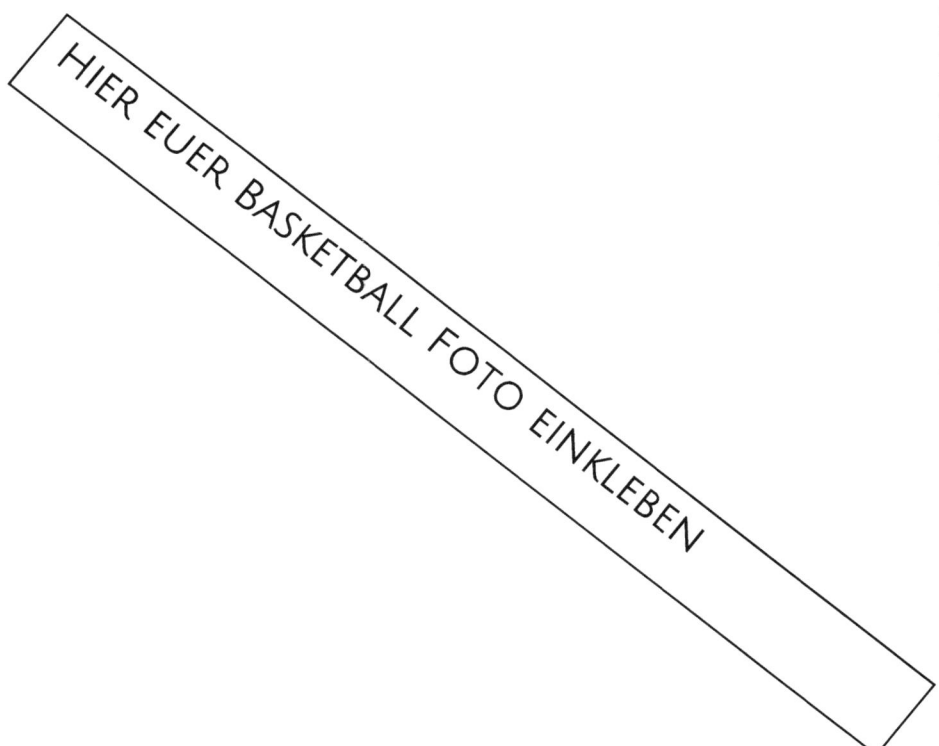

HIER EUER BASKETBALL FOTO EINKLEBEN

BASKETBALL

BASKETBALL IST EINE DER COOLSTEN SPORTARTEN DER WELT. ALLEINE DIE NAMEN DER NBA CLUBS WIE CHICAGO BULLS, L.A. LAKERS, ORLANDO MAGIC USW. KLINGEN EINFACH WIE MUSIK IN DEN OHREN. DAZU DIE NAMEN DER SPIELER WIE MICHAEL JORDAN, KOBE BRYANT, SCOTTIE PIPPEN ODER LEBRON JAMES UND IHRE GESCHICHTEN. EINFACH WAHNSINN UND UNVERGLEICHLICH. SCHAUT EUCH EIN NBA SPIEL LIVE VOR ORT ODER IM FERNSEHEN AN. DANACH KÖNNT IHR JA MAL IN DEN PARK UND VERSUCHEN, DAS GESEHENE NACHZUMACHEN.

WER WAR DABEI

DATUM

STRONG MAN BUCKET

_____

_____ MATCH

_____

_____ SIEGER

_____

BESONDERES – NOTIZEN – RESÜMEE

_____

_____

_____

_____

_____

TAKESHI'S CASTLE

HIER EUER NINJA WARRIOR FOTO EINKLEBEN

NINJA WARRIOR

TAKESHI'S CASTLE IST, DENKE ICH, JEDEM EIN BEGRIFF. EIN PAAR VERRÜCKTE ASIATEN, VERSUCHEN UNBESCHADET DURCH EINEN VERRÜCKTEN PARCOURS ZU KOMMEN UND DAS ZIEL ZU ERREICHEN. DEMJENIGEN DER ES SCHAFFT, WINKT EIN TOLLER PREIS ZU. INZWISCHEN HAT SICH DAS NINJA WARRIOR ETABLIERT. WENIGER „VERRÜCKT", MEHR AUF ABSOLUTE SPORTLICHKEIT, LEISTUNGSFÄHIGKEIT UND GANZHEITLICHE FITNESS ZIELEND, SIND DIE PARCOURS FÜR NORMALSTERBLICHE KAUM NOCH ZU SCHAFFEN. SUCHT EUCH EINE NINJA WARRIOR HALLE IN EURER NÄHE ODER VERSUCHT EUCH ÜBER DEN KOMPLETTEN SPIELPLATZ ZU HANGELN, OHNE DABEI DEN BODEN ZU BERÜHREN.

WER WAR DABEI

_____ DATUM

_____ _____

STRONG MAN BUCKET

BESONDERES – NOTIZEN – RESÜMEE

_____
_____
_____
_____
_____

155

DER SUPER BOWL

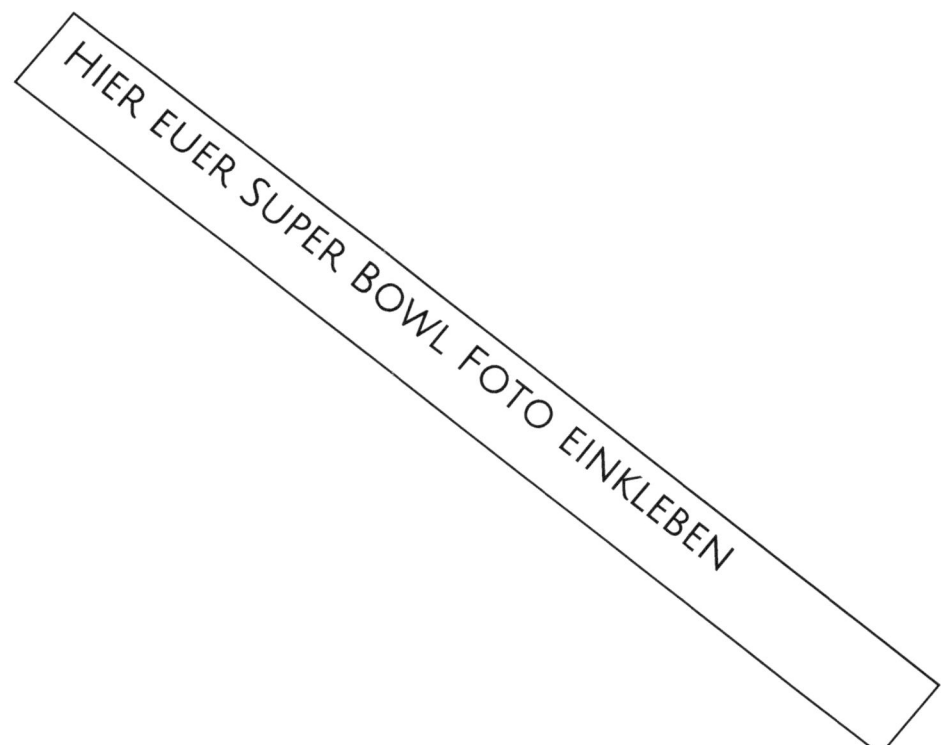

HIER EUER SUPER BOWL FOTO EINKLEBEN

SUPER BOWL

ES IST DAS SPORTEREIGNIS DES JAHRES IN DEN USA.
UND AUCH WELTWEIT GEWINNT DER AMERICAN
FOOTBALL IMMER MEHR AN BELIEBTHEIT. NACHDEM
IHR EUCH NUN SCHON BEI EIN PAAR CHALLENGES,
MIT AMERIKANISCHEN SPORTARTEN UND AUCH DEM
FOOTBALL ETWAS VERTRAUTER GEMACHT HABT, IST
ES AN DER ZEIT, DEN SUPER BOWL ZU SEHEN. WENN
EUER BANKKONTO DICK GENUG IST, REICHT ES
VIELLEICHT SOGAR FÜR EIN LIVE EVENT IN DEN USA.
ANDERNFALLS, VERANSTALTET EINE SUPER BOWL
PARTY BEI EUCH ZU HAUSE. GANZ KLASSISCH MIT
POPCORN, HOT DOGS, BURGER, BIER USW.

WER WAR DABEI

DATUM

_____

_____

MATCH

_____

_____

SIEGER

STRONG MAN BUCKET

BESONDERES – NOTIZEN – RESÜMEE

DAS RENDEZVOUS

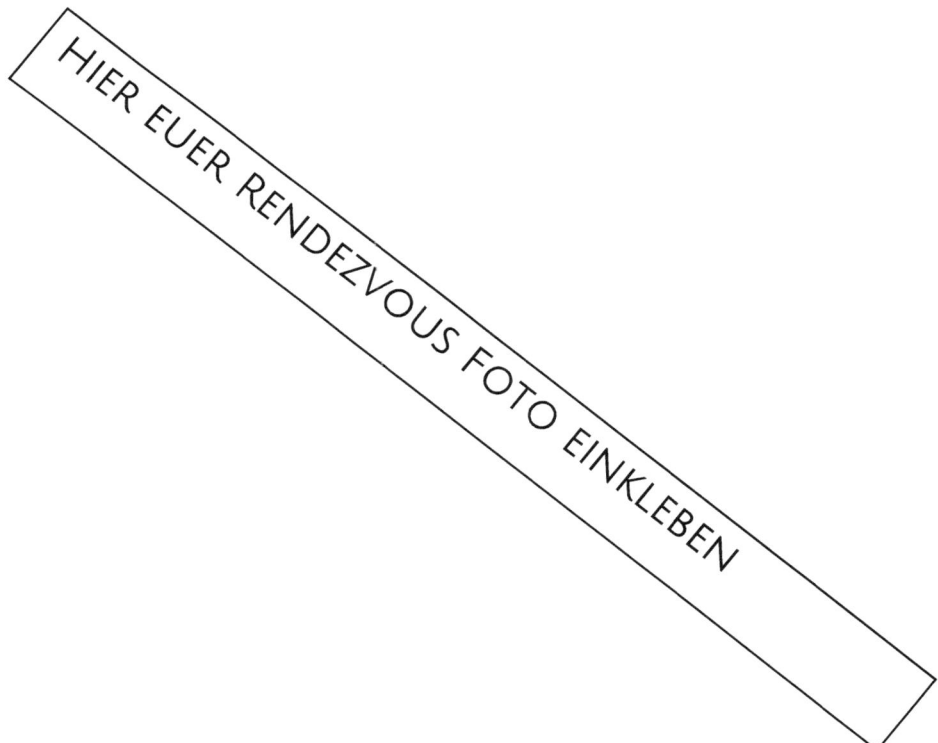

RENDEZVOUS

NACHDEM IHR **NUN** SO VIELE **BUCKETS** ABGESCHLOSSEN HABT UND EURE LEBENSABSCHNITTSGEFÄHRTEN SO VIEL AUF EUCH VERZICHTEN MUSSTEN, SOFERN SIE **NICHT** BEI DEN **BUCKETS** DABEI WAREN, WIRD ES ZEIT, SIE SO RICHTIG **SCHICK** ZUM ESSEN AUSZUFÜHREN. WER SINGLE IST, BRAUCHT **NICHT** DENKEN, DASS ER JETZT UNGESCHOREN DAVONKOMM**T**. SUCHT EUCH JEMANDEN, MIT DEM IHR **SCHICK** ZUM ESSEN GEHEN KÖNN**T**. P.S. **AUCH** EIN CANDLE-LIGHT-DÖNER-TELLER KANN ROMANTISCH SEIN. BITTET EUREN LIEBLINGS-DÖNER-FRITZEN UM EINE TISCHDECKE UND EINE KERZE.

WER WAR DABEI

DATUM

_____
_____
_____   _____

LOKAL

_____

STRONG MAN BUCKET

BESONDERES – NOTIZEN – RESÜMEE

_____
_____
_____
_____
_____

TIME TO SAY GOODBYE

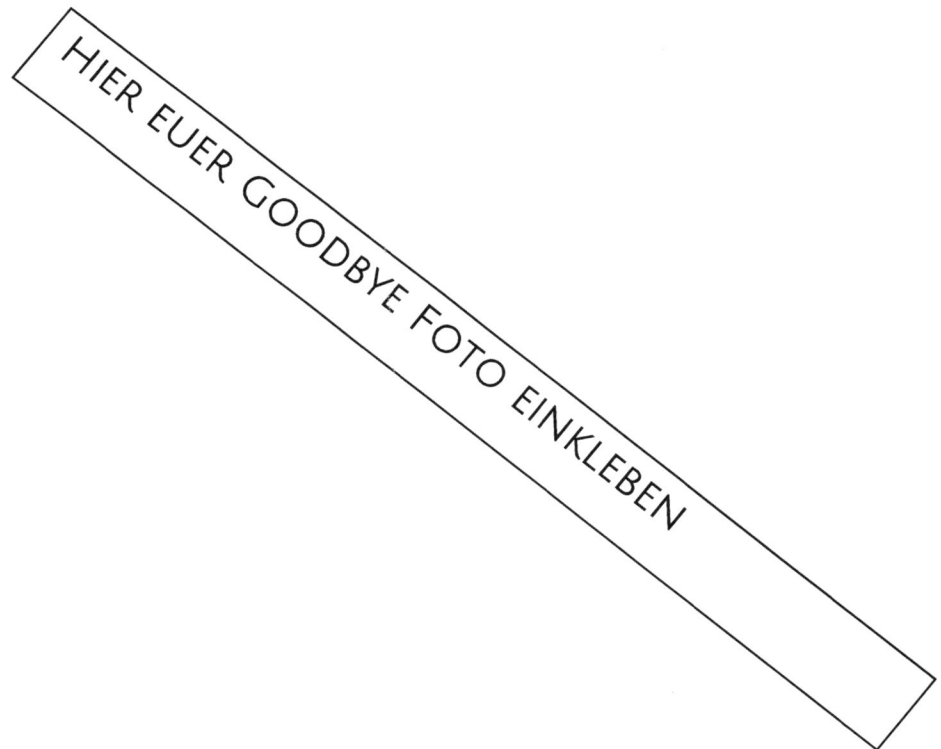

HIER EUER GOODBYE FOTO EINKLEBEN

GOODBYE

IHR SEID AM ENDE DER BUCKET LISTE
ANGEKOMMEN UND HABT ALLE CHALLENGES
ABGESCHLOSSEN. ICH HOFFE DOCH SEHR, DASS
IHR VIEL SPAß UND VIELE TOLLE ERLEBNISSE
DAMIT HATTET.

VIELE FREUNDE HABEN EUCH AUF EUREM WEG
BEGLEITET UND MIT EUCH DIE BUCKETS
ABGESCHLOSSEN.

EIN SCHÖNES GESCHENK WÄRE ES DOCH, DIESES
BUCH NOCHMAL ZU KAUFEN, EURE BILDER UND
NOTIZEN ZU KOPIEREN, EINZUTRAGEN UND
DANN EUREM TREUSTEN BUCKET LIST PARTNER
ZU SCHENKEN.

ODER IHR MACHT DAS GANZE EINFACH NOCH EIN
ZWEITES MAL DURCH.